KOCH EIN!

DAS GROSSE EINKOCHBUCH

MIT TIMO BÖCKLE

mit **handgezeichneten Etiketten** und **QR-Codes** zu **hilfreichen Videos**

CANTEMERLE
1990

BIRNE-
DATTEL-
FEIGE

INHALT

GRUNDLAGEN DES EINKOCHENS

MIT TIMO BÖCKLE

Einkochen ist gar nicht so schwer! Mit ein bisschen Know-how und einer kleinen Grundausstattung können Sie ganz einfach starten. Timo Böckle erklärt, auf was Sie bei Ihrem neuen oder alten Hobby achten sollten

KOCH EIN!

MIT TIMO BÖCKLE

Das On-demand-Videokochbuch des SWR mit Profikoch und Küchenmeister Timo Böckle aus Böblingen. Vorräte anlegen, Nahrungsmittel haltbar machen, ressourcenschonend mit Lebensmitteln umgehen und nachhaltig denken – das sind Themen der Zeit. „Koch ein!" ist ein Format des SWR, das sich ausschließlich dem Thema Haltbarmachen widmet. Timo Böckle vermittelt in diesem Videokochbuch die dazu erforderlichen Handgriffe und den Spaß am Selbstmachen. Deshalb finden Sie einen QR-Code, mit dem Sie Schritt für Schritt verfolgen können, wie Timo die Rezepte umsetzt. Und Sie erhalten viele weitere Tricks und Kniffe.

Köstlich, haltbar, selbst gemacht

Wie war das, als die Verwandtschaft eine reiche Obst- und Gemüseernte verarbeitete und für den langen Winter haltbar machte? Sie haben verpasst, Mutter, Großmutter, Onkeln und Tanten über die Schulter zu schauen oder wollen neue Techniken kennenlernen? Hier können Sie sich dieses Wissen (neu) aneignen. Außerdem gibt es innovative und moderne Methoden, die den Einkochvorgang erleichtern und vieles möglich machen. Haben Sie schon mal Currywurst, Knödel oder Desserts und Kuchen eingekocht? In diesem Buch finden Sie viele verblüffende Rezepte und Anleitungen.

Nachhaltig denken auch in der Küche

Einkochen ist besser als Hamstern oder Wegwerfen: Sie wollen wissen, wie Sie mit Lebensmitteln schonend umgehen? Das erfahren Sie hier. Regionale und saisonale Lebensmittel werden von Timo Böckle einfach zubereitet und haltbar gemacht. Sie lernen traditionelle Küchentechniken und moderne Kniffe. In diesem Buch erfahren Sie Schritt für Schritt, wie's geht!

Große Netzgemeinde von Kochbegeisterten

Es gibt eine unglaublich große Community von Menschen, die sich für Food- und Nachhaltigkeitsthemen interessieren. Daher gibt es plattformgerecht produzierten Content auch auf den Facebook-Seiten von „Kaffee oder Tee" und „ARD Buffet". Die Rezepte dazu und Schritt-für-Schritt-Anleitungen finden Sie in den Apps und auf den Homepages der beiden Service-Sendungen.

KOCHT EIN!
AM BESTEN ALLE GEMEINSAM

Die Einkoch-Community ist groß und wird immer größer! Das ist großartig, denn neben neuen Verfahren und dem Aspekt der Nachhaltigkeit werden auch die alten Praktiken noch immer gepflegt und tradiert. Vorratshaltung wird empfohlen und Eigenversorgung macht Spaß. Zwischen den einzelnen „Einkoch-Lagern" gibt es immer wieder Diskussionen, welches Verfahren mit welchen Utensilien nun „am besten" ist. Timo Böckle möchte eine Brücke schlagen. Denn letztendlich vereint doch alle ein gemeinsames Ziel und eine Leidenschaft: ein leckeres Produkt und die Freude am Einkochen. Die optimale Qualität, der optimale Geschmack und die Sicherheit beim Einkochen. Bei den selbstklebenden Etiketten in diesem Buch ist jedenfalls für alle Einkochbegeisterte etwas dabei. Ob klassisch oder hip, bunt oder neutral: kocht ein und klebt auf!

GRUNDLAGEN DES HALTBARMACHENS

MIT TIMO BÖCKLE

Worum geht es? Welche Techniken gibt es? Und was ist eigentlich der Unterschied zwischen Einmachen, Einkochen, Fermentieren und Dörren? Viele Fragen, die Sie vielleicht davon abhalten, sich an diesen leckeren und nachhaltigen Methoden aus der Küche zu versuchen. In diesem Buch erfahren Sie alles, was Sie über die diversen Methoden wissen müssen. Keine Angst: Es ist gar nicht schwierig und lohnt sich! Aber Vorsicht! Timo Böckle zufolge kann es süchtig machen ...

Einkochen, Einmachen, Fermentieren, Dörren

Alle vier Methoden dienen dem Verlängern der Haltbarkeit von Lebensmitteln oder ganzen Gerichten. Oft werden die Begriffe Einkochen und Einmachen synonym verwendet. Allerdings gibt es einen kleinen Unterschied: Das Einmachen kennen Sie vermutlich von der Marmeladenherstellung. Hier werden die Lebensmittel (meistens Obst) im Topf mit Zucker gekocht und anschließend in ein Glas gefüllt. Beim Einkochen werden die Lebensmittel in das Glas gefüllt, verschlossen und anschließend im Wasserbad erhitzt. Durch die Hitzebehandlung kann die Haltbarkeit des Produktes verlängert und sein Geschmack hervorgehoben werden. Luft und Wasserdampf dehnen sich im Glas aus, wodurch Flüssigkeit und Dampf entweichen können. Kühlt das Glas ab, entsteht ein Vakuum, das den Deckel luftdicht verschließt. Das Erhitzen und der Ausschluss von Luft verlängert die Haltbarkeit. So können Gläser zum Teil sehr lange gelagert werden. Fermentieren, auch Einlegen oder Einsalzen genannt, beschreibt ebenfalls einen Vorgang der Haltbarmachung – meist von Gemüse mittels Salz im Glas. Nach zwei bis vier Wochen der Lagerung verändert sich der Geschmack des Produktes durch die entstehende Milchsäure. Sauerkraut ist ein bekanntes Beispiel. Wenn Sie Lebensmittel dörren, dann tun Sie es im Dörrautomaten oder Ofen. Sie konservieren hier mittels Lufttrocknung. Dabei wird Ihrem Dörrprodukt das Wasser entzogen. Das Dörren gilt bisher als die älteste bekannte Konservierungsmethode.

Warum eigentlich?

Die Techniken sind sicher und praktisch. Einkochprofi Timo Böckle betont: Es geht nicht nur um das Verlängern der Haltbarkeit. Auch der Geschmack wird durch die verschiedenen Konservierungsmethoden teilweise intensiviert. Der Eigengeschmack und die Besonderheiten der Produkte kommen besonders zur Geltung. Das Praktische: Sie können sehr schnell auf im Voraus Verarbeitetes zurückgreifen, ohne lange in der Küche zu stehen. Und: Wenn Sie Ihre Lebensmittel sicher verarbeiten und verwahren, müssen Sie weniger Ihrer Ernte oder Ihres Einkaufs wegwerfen.

Grundausstattung

Qualitätsgläser, Einfülltrichter, Hebe- oder Glaszangen, Küchenhandtücher und ein Einmachgerät: Mehr brauchen Sie nicht. Bei den Gläsern bieten sich verschiedene Varianten an: Twist-Off-Gläser, Gläser mit Klammerverschluss oder Gläser mit Bügelverschluss. Alle können Sie nach dem Reinigen und Erhitzen wiederverwenden.

▸ Twist-Off-Gläser ein Mal fest zudrehen und nicht überdrehen. Bei dieser Gläservariante ist ein Vakuum nach ca. 24 Stunden durch den eingedrückten Deckel hervorragend erkennbar.

▸ Gläser mit einer Klammervariante sind sehr verbreitet. Ein Gummi zwischen Glas und Deckel wird mittels dieser Klammern zusammengedrückt und verschließt den Inhalt vor Lufteinwirkung. 24 Stunden nach dem Einkochen sollten die Deckel auch ohne Klammern halten.

▸ Auch bei Gläsern mit Bügelverschluss sollte nach dem Einkochen der Deckel mit geöffnetem Bügel fest auf dem Glas sitzen. Achten Sie bei Gläsern mit Klammer- und Bügelverschluss auf die richtige Gummigröße, sie sollten mit dem Rand des Glases abschließen. Außerdem ist beim Einmachen Sauberkeit von oberstem Gebot. Erhitzen Sie daher Ihre Gläser, Gummis und Deckel vor der Verwendung vollständig in kochendem Wasser.

▸ Abfülltrichter: Achten Sie auch hier darauf, dass ein Trichter dem sauberen Arbeiten dient. Die Öffnung sollte für die einzufüllenden Produkte breit genug sein und den Glasrand nicht beschmutzen.

▸ Baumwolltücher und Zahnstocher fungieren mitunter als Abtropfhilfe des Wassers nach dem Einkochen oder auch als Abstandhalter zwischen Gläsern und Kochbehältern.

Bei den Kochbehältern gilt

So vielfältig wie die Inhalte sind die Zubereitungsmöglichkeiten. Hier genügt bereits ein einfacher, großer Kochtopf oder ein Bräter (ofenfest). Von Oma kennen Sie vielleicht den Dampfdrucktopf. Einkochfans investieren in ein Einkochgerät. Aber auch ein Dampfgarer kann zum Einkochen genutzt werden!

▸ Im Topf mit Deckel: Säurehaltige Lebensmittel wie Obst können hier super eingekocht werden. Ihr Topfboden sollte genügend Platz für die Gläser bieten. Ein Küchentuch am Boden sorgt für einen Abstand zwischen Topf und Glas. Füllen Sie Wasser in den Topf, es sollte bis zu drei Viertel der Gläser bedecken. Schließen Sie den Deckel und bringen Sie alles zum Kochen. Achten Sie auf die genaue Kochzeit, die Ihnen das Rezept vorgibt.

▸ Im Einkochgerät: Stellen Sie Ihre Gläser auf das Gitter und füllen Wasser ein. Deckel drauf, Zeit und Temperatur einstellen, fertig. Die An-

schaffung eines solchen Geräts eignet sich vor allem für Selbstversorger mit großem Garten und zum regelmäßigen Gebrauch. Achten Sie bei der Befüllung des Geräts mit Wasser darauf: Kaltes Einmachgut sollte mit kaltem, warmes mit warmem Wasser aufgefüllt werden.

- In einem Dampfdrucktopf/Schnellkochtopf: Diesen sollten Sie nutzen, sofern Sie Fleisch oder Botulismusanfälliges konservieren wollen. Es könne hier sehr hohe Temperaturen erzielt werden.
- Im Dampfgarer: Dieser eignet sich sehr gut zum Einkochen. Der Dampf im Garraum sollte gleichmäßig an alle Gläser gelangen können. Stellen Sie die Gläser auf ein Lochblech, die Höhe ist egal, sofern sich der Dampf verteilen kann. Dann bequem Temperatur und Zeit einstellen.
- Im Backofen: Dieser eignet sich vor allem für größere Gläser- und Einkochmengen. Anstelle eines Topfes können Sie einen mit Wasser gefüllten Bräter nutzen. Die Kochzeit beginnt, sobald es in den Gläsern „blubbert". Nach Ablauf der im Rezept vorgegebenen Zeit einfach den Ofen abschalten und die Tür ca. 24 Stunden geschlossen halten.

Hinweis

Einkochen und Einmachen sind zwei sehr sichere, einfache und praktische Methoden zur Haltbarmachung von Lebensmitteln. Damit es allerdings nicht doch zu vorzeitigem Verderb, Schimmelbildung oder (in sehr seltenen Fällen) Lebensmittelvergiftungen kommt, sollten Sie sich an die Rezepte und Hinweise in diesem Buch halten.

Haltbarkeit

Bei korrekter Zubereitung und Lagerung liegt die Haltbarkeit der eingekochten Gerichte deutlich über der im Rezept empfohlenen Lagerdauer. Die von uns angegebene Haltbarkeit bei Eingekochtem orientiert sich nicht am absoluten Verderb, sondern am Punkt, an dem der Geschmack, die Farbe oder die Konsistenz beeinträchtigt werden.

SICHER EINKOCHEN

ALLE INFOS ZUM THEMA BOTULISMUS

Sogenannter Lebensmittelbotulismus ist in der Einkoch-Community ein wichtiges und teilweise kontrovers diskutiertes Thema. Bei der Erkrankung handelt es sich um eine Lebensmittelvergiftung, die lebensbedrohlich sein kann. Ausgelöst wird die Krankheit überwiegend durch den Genuss von schlecht konservierten Lebensmitteln. Das Bakterium Clostridium botulinum produziert gefährliche Nervengifte. Es vermehrt sich unter Luftabschluss und entwickelt sich bevorzugt in Einmachgläsern oder Konserven, aber auch in Wurstwaren. Die Bakterien sind geruch- und geschmacklos, das macht sie unberechenbar. Kein Wunder, dass kein anderes Thema bei Einkoch-Enthusiasten für so viel Verunsicherung sorgt. Deshalb geht Timo Böckle der Sache auf den Grund, um Sicherheit und Klarheit zu vermitteln. Er besucht den Experten der Lebensmittelmikrobiologie und Hygiene an der Universität Hohenheim im Institut für Lebensmittelwissenschaft und Biotechnologie: Prof. Dr. Herbert Schmidt. Hier erfährt er alles zum Thema Botulismus.

Was ist Botulismus?

Im 18. Jahrhundert beschrieb als Erster der Amtsarzt Justinus Kerner die Krankheit. Die erkrankten Menschen hatten zuvor Blut- und Leberwurst verzehrt. Wurst heißt auf Lateinisch „botulus". Der Begriff wurde namensgebend. Botulinum ist ein Nervengift, das durch das Bakterium Clostridium botulinum gebildet wird. Symptome wie Lähmungserscheinungen können die Lunge befallen und so den Tod herbeiführen. Vor allem Lebensmittel, die haltbar gemacht und länger aufgehoben werden sollen, sind betroffen: Wurst- und Fleischkonserven, eingelegtes Gemüse (selbst in Öl) oder konservierter Fisch. Sofern Ihre eingemachten oder auch gekauften Gläser kein Vakuum mehr haben, sollten Sie den Inhalt auf keinen Fall mehr verzehren. Allerdings ist auch ein Vakuum kein Garant, denn genau in diesem vermehren sich die Bakterien. Das ist der Grund, warum gerade Einkochprodukte anfällig für die Vermehrung der Bakterien sein können.

Sagen Sie den Bakterien den Kampf an

Einfache Regel des sicheren Einkochens: Erhitzen Sie zur vollständigen Abtötung der Bakterien Ihre Gläser über 100 Grad für mindestens vier bis sechs Minuten. Größere Gläser mit viel Inhalt brauchen oft länger, damit auch der Kern des Inhalts die entsprechende Hitze erreicht. Die Bundeszentrale für Ernährung empfiehlt: Um eingekochtes Fleisch und Gemüse sicher zu genießen, sollten Sie Lebens-

mittel grundsätzlich zwei Mal einkochen. Die zweite Erhitzung erfolgt nach mindestens 24 Stunden. Dieses Verfahren wird „Tyndallisation" genannt. Das braucht etwas Übung. Machen Sie darum erst mal Produkte wie Marmelade ein, die lediglich ein Mal erhitzt werden müssen, bevor Sie sich an Fleischgerichte wagen. Übrigens: Der Säureanteil des Essigs hemmt bei Eingelegtem die Vermehrung der Botulismus Bakterien ab einem pH-Wert unter 4,5 (Teststreifen in der Apotheke erhältlich). Mit diesem Verfahren errichten Sie ohne Hitzezufuhr eine Botulismushürde.

Kurz und bündig

In Deutschland werden weniger als zehn Lebensmittelbotulismus-Fälle pro Jahr verzeichnet. Nehmen Sie sich diese wichtigen Grundsätze zu Herzen (in Zusammenarbeit mit BZFEE / Uni-Hohenheim):

- Nutzen Sie Rezepte aus vertrauenswürdiger Quelle (wie aus diesem Buch).
- Wandeln Sie die Rezepte nicht eigenständig ab.
- Lieber länger erhitzen als zu kurz.
- Befolgen Sie unbedingt Temperatur- und Zeitangaben.
- Erhitzen Sie nach max. 24 Stunden ein zweites Mal.
- Sterilisieren Sie Ihre Gläser.
- Lagern Sie Ihre Gläser fachgerecht und möglichst kühl.
- Kochen Sie den Inhalt vor Verzehr in einem Topf erneut auf.

DIE FÜNF GRÖSSTEN FEHLER BEIM EINKOCHEN

Einkoch-Experte Timo Böckle hat für Sie die fünf häufigsten Fehler zusammengetragen und erklärt, wie Sie sie umgehen

1. Minderwertige Lebensmittelqualität: Nur was toll ins Glas kommt, kommt auch toll aus dem Glas! Obst und Gemüse mit Eindruckstellen oder aufgeplatzte Oberflächen sollten Sie großflächig entfernen. Ansonsten verkürzt sich eventuell die Haltbarkeit Ihres Einkochproduktes. Deswegen sollten Sie stets Frisches sofort zum Einkochen verwerten. Obst und Gemüse mit Druckstellen können Sie einfach gleich fürs Müsli oder den Smoothie verwenden. Bioware und Produkte aus der Region oder dem Garten sind natürlich besonders schmackhaft und umweltfreundlich.

2. Ungeeignete Lebensmittel: Sofern Sie Mehl zum Binden von Lebensmitteln verwenden wollen, geben Sie es nach dem Einkochen, also nach dem Öffnen des Glases und dem Erwärmen direkt vor dem Essen, hinzu. Alternativ können Sie zum Binden andere Stärken wie Kartoffel- oder Maisstärke nutzen. Milchprodukte jeder Form (außer sie sind in einem Knödel oder Kuchen gebunden) eignen sich ebenfalls nicht zum Einkochen. Einige Kräuter, zum Beispiel die Petersilie, sollten Sie erst beim Anrichten servieren. Denn sie wird grau und gerne sauer, Ihr

Einkochprodukt wird unter Umständen schneller ungenießbar. Frischer Lorbeer dient in einigen Rezepten der Geschmackgebung von Soßen. Entfernen Sie ihn, bevor Sie Ihr Glas verschließen. Rohe Zwiebeln sorgen für Gase, die Ihr Einmachglas zum Platzen bringen können. Zwiebeln daher immer durchgaren. Zartes, feinblättriges Gemüse wie Chinakohl, Salat oder frischer Spinat eignet sich ebenfalls nicht sehr gut zum Einkochen.

3. Falsche Einkochzeit und kein Rezept: Vor allem Einkocheinsteiger sollten sich beim Einkochen immer an die Rezepte halten. Das ist wichtig, damit es Ihnen gut schmeckt. Und natürlich, um die Haltbarkeit Ihres Einkochproduktes zu gewährleisten. Die Einkochzeit und die Gradzahl spielen hier eine große Rolle.

4. Einmachgläser zum Abkühlen auf den Kopf stellen: Dies ist ein weitverbreiteter Mythos, aber ein Fehler. Timo Böckle rät hier: Befüllen Sie Ihre Gläser, kochen Sie sie sauber ein oder füllen Sie sie heiß ab. Stellen Sie die heißen Gläser anschließend auf ein Küchentuch – mit dem Deckel nach oben. Jetzt 24 Stunden am Platz abkühlen lassen. Dann (falls vorhanden) Klammern lösen und einlagern.

5. Falsche Lagerung: Im Kühlschrank lagern Sie schnell Verderbliches und Produkte, die Kühlung benötigen. Eingekochtes bedarf einer solchen Lagerung nicht. Stellen Sie Eingekochtes in Ihren Küchenschrank (achten Sie auf festen und tragbaren Boden) oder einen dunklen Keller. Am besten ohne Fenster, ohne Licht und bei gleichbleibender Temperatur. Sie sollten immer darauf achten, dass Ihre Gläser fest verschlossen sind, das heißt, ein Vakuum entstanden ist. Die Ränder des Glases sollten immer sauber sein, ansonsten entsteht Schimmel am und um das Glas. Ein geöffnetes Glas sollten Sie hingegen in den Kühlschrank stellen und zügig verbrauchen.

EINKOCHKALENDER

Januar

Gemüse:
- Grünkohl
- Schwarzwurzel
- Saubohnen

Februar

Gemüse:
- Chicorée
- Grünkohl
- Rosenkohl

März

Gemüse:
- Grünkohl
- Porree (Lauch)
- Rosenkohl

April

Gemüse:
- Gurken
- Rhabarber
- Radieschen
- Porree (Lauch)

Mai

Gemüse:
- Aubergine
- Blumenkohl
- Brokkoli
- Kohlrabi
- Kartoffeln
- Mangold
- Radieschen
- Rosenkohl
- Rotkohl
- Spargel

Juni

Gemüse:

- Blumenkohl
- Bohnen
- Brokkoli
- Erbsen
- Fenchel
- Gurken
- Kohlrabi
- Porree (Lauch)
- Radieschen
- Rettich
- Rhabarber
- Rote Bete
- Stangensellerie
- Spargel
- Speiserüben
- Spitzkohl

Obst:

- Erdbeeren
- Feigen
- Heidelbeeren
- Himbeeren
- Johannisbeeren
- Sauer-, Süßkirschen
- Stachelbeeren

Juli

Gemüse:

- Blumenkohl
- Bohnen
- Brokkoli
- Erbsen
- Fenchel
- Gurken
- Kohlrabi
- Möhren
- Porree (Lauch)
- Radieschen
- Rettich
- Rhabarber
- Rote Bete
- Rotkohl
- Sellerie
- Speiserüben
- Spinat
- Spitzkohl
- Weißkohl
- Wirsing
- Zucchini

Obst:

- Aprikosen
- Erdbeeren
- Heidelbeeren
- Himbeeren
- Johannisbeeren
- Pflaumen
- Sauer-, Süßkirschen
- Stachelbeeren
- Trauben
- Zwetschgen

August

Gemüse:

- Blumenkohl
- Bohnen
- Brokkoli
- Erbsen
- Fenchel
- Gurken
- Kohlrabi
- Möhren
- Pastinaken
- Porree (Lauch)
- Radieschen
- Rettich
- Rote Bete
- Rotkohl
- Sellerie
- Speiserüben
- Spitzkohl
- Steckrüben
- Weißkohl
- Wirsing
- Zucchini
- Zuckermais

Obst:

- Äpfel
- Aprikosen
- Birnen
- Brombeeren
- Erdbeeren
- Heidelbeeren
- Himbeeren
- Johannisbeeren
- Sauer-, Süßkirschen
- Mirabellen
- Pfirsiche
- Pflaumen
- Stachelbeeren
- Trauben

September

Gemüse:

- Blumenkohl
- Bohnen
- Brokkoli
- Erbsen
- Fenchel
- Grünkohl
- Gurken
- Kohlrabi
- Kürbis
- Möhren
- Pastinaken
- Porree (Lauch)
- Radieschen
- Rettich
- Rosenkohl
- Rote Bete
- Rotkohl
- Schwarzwurzel
- Sellerie
- Speiserüben
- Spinat
- Spitzkohl
- Steckrüben
- Weißkohl
- Wirsingkohl
- Zucchini
- Zuckermais

Obst:

- Äpfel
- Birnen
- Brombeeren
- Erdbeeren
- Heidelbeeren
- Pflaumen
- Stachelbeeren
- Trauben

Oktober

Gemüse:

- Blumenkohl
- Bohnen
- Brokkoli
- Chinakohl
- Fenchel
- Grünkohl
- Kohlrabi
- Kürbis
- Möhren
- Pastinaken
- Porree (Lauch)
- Radieschen
- Rettich
- Rosenkohl
- Rote Bete
- Rotkohl
- Schwarzwurzel
- Sellerie
- Speiserüben
- Spinat
- Spitzkohl
- Steckrüben
- Weißkohl
- Wirsingkohl
- Zucchini
- Zuckermais

Obst:

- Äpfel
- Birnen
- Brombeeren
- Quitten
- Trauben

November

Gemüse:

- Blumenkohl
- Brokkoli
- Fenchel
- Grünkohl
- Kürbis
- Möhren
- Pastinaken
- Porree (Lauch)
- Rettich
- Rosenkohl
- Rote Bete
- Rotkohl
- Schwarzwurzel
- Sellerie
- Speiserüben
- Spitzkohl
- Steckrüben
- Weißkohl
- Wirsingkohl

Obst:

- Quitten

Dezember

Gemüse:

- Grünkohl
- Nüsse
- Rosenkohl

REZEPTE FÜR EINKOCH-EINSTEIGER

AN DIE GLÄSER, FERTIG – LOS!

Wenn Sie zum ersten Mal einkochen, sollten Sie mit diesen Leckereien starten. Die Rezepte sind einfach und schmackhaft. Sie eignen sich ideal, um sich mit dem Einkochen vertraut zu machen

EINKOCH-MUS

Stückiges Apfelkompott mit Vanillenote und knallig rotes Birnenmus mit Sauerkirschen. Jetzt wird es extra lange haltbar!

APFELMUS FÜR FAULE

Für 3 Einkochgläser à ca. 350 ml — 90 Minuten

ZUTATEN

1 kg	Äpfel (Elstar eignet sich gut)
2	Vanilleschoten
30 g	Zucker
80 ml	Apfelsaft

ZUBEREITUNG

1. Die Äpfel abbrausen, nach Belieben schälen, vierteln und entkernen. Anschließend in Stücke schneiden. Vanilleschoten ebenfalls in Stücke schneiden.
2. Zucker, Vanilleschoten und Apfelsaft nacheinander in die sterilisierten Einkochgläser füllen. Anschließend die Äpfel in die Gläser geben. Gläser fest verschließen und kurz schütteln.
3. Einen Einkochtopf mit Wasser füllen und aufkochen lassen. Die verschlossenen Gläser für 30 Minuten ins kochende Wasser geben.
4. Die Gläser vorsichtig aus dem Wasser heben und öffnen. Apfelkompott mit einem Stabmixer pürieren. Die Glasränder gegebenenfalls säubern und Gläser wieder fest verschließen. Anschließend das Apfelmus weitere 30 Minuten bei 90 Grad einkochen.

TIMOS TIPP

Das Apfelmus nach Belieben mit Zimt, Bio-Zitronenschale oder anderen Zutaten aromatisieren.

CLEVER

- Ihren Ernteüberschuss an Äpfeln können Sie mit diesem Rezept wunderbar verarbeiten. Beachten Sie, dass Sie dann auch die übrigen Zutatenmengen anpassen sollten.
- Sie können die Äpfel zum Zerkleinern auch in einen Mixer geben und so grob / fein mixen, wie Sie es gerne haben möchten.

BIRNENMUS MIT SAUERKIRSCHEN

Für 3 Einkochgläser à ca. 350 ml — 60 Minuten

ZUTATEN

1 kg	Birnen
100 ml	Birnensaft, alternativ Wasser
50 g	Honig
30 g	Sauerkirschen, getrocknet

ZUBEREITUNG

1. Die Birnen schälen, in Viertel schneiden und entkernen. Birnenviertel in kleine Stücke schneiden.
2. In einem Topf den Birnensaft aufkochen. Den Honig unterrühren. Anschließend die Birnenstücke hinzufügen. Die Birnenmischung zugedeckt 5 – 7 Minuten bei mittlerer Hitze köcheln lassen.
3. Dann mit einem Stabmixer pürieren. Anschließend die Sauerkirschen unterrühren. Birnenmus in die vorbereiteten Gläser füllen, dabei ca. 2 cm bis zum Rand frei lassen und verschließen.
4. Die Gläser in einen Einkochtopf geben und das Mus ca. 20 Minuten bei 90 Grad einkochen. Alternativ die Gläser in eine Auflaufform mit hohem Rand stellen. Kochendes Wasser ca. 2 cm hoch in die Form füllen. Gläser im vorgeheizten Backofen bei 120 Grad Umluft 30 – 40 Minuten einkochen. Die Einkochzeit beginnt erst, wenn es im Inneren der Gläser zu kochen beginnt.

CLEVER

- Große Mengen Birnen können Sie mit diesem Mus haltbar machen. Beachten Sie, dass Sie die übrigen Zutatenmengen anpassen sollten.

TIMOS TIPP

Sie können 4 cl Birnenbrand zum Mus hinzufügen. Schmeckt damit zu Pfannkuchen, Wildgerichten oder Milchreis.

SCHNELLE UND LEICHTE AUFSTRICHE

Timo Böckle kocht Erdbeer-Konfitüre, einen Himbeer-Fruchtaufstrich und Johannisbeergelee – mit selbst gemachtem Gelierzucker oder Apfeldicksaft, ganz ohne Konservierungsstoffe

JOHANNISBEERGELEE

Für 4 Marmeladengläser à ca. 250 ml 15 Minuten

ZUTATEN

1 kg	Johannisbeeren, schwarze, rote oder gelbe
70 g	Apfeltrester, getrocknet
500 g	Zucker

Außerdem:
Entsafter
Standmixer

ZUBEREITUNG

1. Die Johannisbeeren waschen, trocken tupfen und von den Stielen streifen. Beeren in einen Entsafter geben. Den Johannisbeersaft (je nach Sorte 500 – 700 ml) auffangen und in einen weiten Topf geben.
2. Den getrockneten Apfeltrester in einem Standmixer zu einem feinen Pulver mahlen. Den Zucker hinzufügen und erneut mixen.
3. Den Saft aufkochen. Den Zucker hinzufügen und alles ca. 4 Minuten unter ständigem Rühren köcheln lassen. Gelee sofort in die abgekochten Gläser füllen. Gläser fest verschließen und abkühlen lassen. Die abgekühlten Gläser an einem dunklen, kühlen Ort aufbewahren.

TIMOS TIPP

Trester erhalten Sie bei regionalen Safterzeugern und Mostereien kostenlos. Trocknen können Sie den Trester im Ofen oder im Dörrapparat. Sollte Ihr Küchenmixer nicht stark genug sein, kann man den zerkleinerten Trester auch durch ein Sieb geben, um an den feinen Tresterstaub zu gelangen.

ERDBEER-KONFITÜRE MIT VANILLE

Für 6 Marmeladengläser à ca. 350 ml   20 Minuten

ZUTATEN

1 kg	Erdbeeren
800 g	Zucker
16 – 20 g	Apfelpektin
5	Vanilleschoten
1	Limette, den Saft davon

ZUBEREITUNG

1. Die Erdbeeren putzen und in kleine Stücke schneiden. Den Zucker mit dem Pektin gut vermischen. Die Vanilleschoten längs halbieren und das Mark herauslösen.
2. Die Früchte in einem Kochtopf erwärmen und pürieren. Beeren durch ein feines Sieb passieren und zurück in den Topf geben.
3. Das Erdbeerpüree mit der Pektinmischung verrühren und unter ständigem Rühren aufkochen lassen. Etwa 4 Minuten unter ständigem Rühren köcheln lassen.
4. Anschließend den Limettensaft und das Vanillemark hinzufügen. Die Marmelade sofort in die abgekochten Gläser füllen. Gläser fest verschließen und abkühlen lassen.

TIMOS TIPP

Selbst gemachter Gelierzucker hat, anders als viele Gelierzucker aus dem Supermarkt, keine Konservierungsstoffe wie Sorbinsäure. Ich verwende 1:1 Gelierzucker, weil der Fruchtgeschmack und auch die Farbe der Konfitüre dann viel ausgeprägter sind. Auf dem Brot braucht es deshalb weniger Marmelade für den vollen Geschmack.

HIMBEER-FRUCHTAUFSTRICH

Für 4 Marmeladengläser à ca. 350 ml   15 Minuten

ZUTATEN

1 kg Himbeeren
400 ml Apfeldicksaft
12 g Xanthan

ZUBEREITUNG

1. Zubereitung in der Küchenmaschine mit Kochfunktion: Die Himbeeren mit dem Apfeldicksaft in den Mixtopf der Küchenmaschine geben. Die Temperatur auf 90 Grad einstellen und die Masse bei mäßiger Umdrehung erhitzen. Kurz vor Erreichen der eingestellten Temperatur Xanthan durch die Deckelöffnung hinzufügen und auf höherer Umdrehung untermixen.

2. Zubereitung ohne Küchenmaschine: Wer kein Kochgerät hat, kann einen normalen Topf verwenden. Die Himbeeren mit dem Dicksaft in einem Kochtopf verrühren. Die Fruchtmasse unter Rühren erhitzen. Xanthan unter ständigem Rühren einstreuen und unterrühren.

3. Anschließend den Fruchtaufstrich sofort in abgekochte Gläser füllen. Gläser fest verschließen und abkühlen lassen. Die abgekühlten Gläser an einem dunklen, kühlen Ort aufbewahren.

TIMOS TIPP

Den Zucker ersetze ich gerne durch Bio-Dicksaft aus heimischen Äpfeln! Da der Aufstrich nur bei 90 Grad erhitzt und nicht gekocht wird, bleiben 100 Prozent Geschmack erhalten! Xanthan ist ein Verdickungs-Geliermittel, das aus zuckerhaltigen Substraten gewonnen wird. Es ist in der EU für die Herstellung von Biolebensmitteln zugelassen.

BIERGELEE MIT VANILLE

Timo verwandelt Gerstensaft in ein süßes Gelee, verfeinert mit Vanille und Zitronensaft. Welches Bier sich in das Gelee verwandeln soll, ist Geschmackssache

Für 6 Marmeladengläser à 250 ml 1 Stunde

ZUTATEN

1 Liter	Bier (Sorte nach Geschmack)
700 g	Gelierzucker 2:1
1	Zitrone, der Saft davon
1 TL	Vanillemark

CLEVER

- Verwenden Sie für das Gelee doch auch mal das selbstgebraute Bier von S. 86! So verfolgen Sie die Produktherkunft des Gelees von Anfang bis Ende.
- Schmeckt wunderbar auf Butterbrot.

ZUBEREITUNG

1. Bier in einen großen Topf geben und langsam erwärmen. Sobald es zu kochen beginnt, Gelierzucker zugeben. Unter ständigem Rühren exakt 4 Minuten köcheln lassen.
2. Zitronensaft und Vanillemark zugeben. Gut verrühren. Die heiße Flüssigkeit sofort in abgekochte Einmachgläser geben. Die Gläser nur dreiviertel voll machen.
3. Übriges Biergelee mit einem Stabmixer aufschäumen. Den Schaum gleichmäßig auf alle Gläser verteilen und umgehend verschließen. Anschließend 5 Minuten gut kühlen.

TIMOS TIPP

Damit das Biergelee eine schöne und vor allem stabile Schaumkrone bekommt, die Gläser direkt nach dem Verschließen ca. 10 Minuten in den Kühlschrank stellen. Danach bei Raumtemperatur vollständig auskühlen lassen. Haltbarkeit bei korrekter Zubereitung und Lagerung: ca. 6 Wochen ohne Qualitätsverlust.

FRUCHTGUMMI

Fruchtige Snacks können Sie ganz einfach selbst bei Ihnen daheim zubereiten. Lecker – ganz ohne künstliche Zusatzstoffe

FEIGEN-FRUCHTGUMMI

Für 1 großes Vorratsglas 15 Minuten plus 12 Stunden Trockenzeit

ZUTATEN

1 kg	Feigen, frisch
45 g	Agavendicksaft
2	Vanilleschoten

ZUBEREITUNG

1. Die Schale der Feigen abziehen, die Früchte grob würfeln. Mit Agavendicksaft und dem ausgekratzten Vanillemark der Schote in einem Mixer auf höchster Stufe zu einer feinen Fruchtpaste verarbeiten.
2. Die Fruchtpaste dünn auf einem Stück Backpapier verstreichen und auf ein Dörrgitter legen. Im Dörrapparat bei 40 Grad ca. 12 Stunden trocknen. Alternativ die Fruchtpaste im Backofen bei 50 Grad Ober- und Unterhitze 10 – 12 Stunden trocken, dabei den Backofen zwischendurch öffnen, damit Feuchtigkeit entweichen kann.
3. Fruchtgummi in Streifen schneiden, in ein Glas geben und luftdicht verschließen.

TIMOS TIPP

Um es Kindern etwas schmackhafter zu machen, einfach etwas Brausepulver zum Feigen-Fruchtgummi in den luftdichten Behälter geben und kurz schütteln.

APRIKOSEN-FRUCHTGUMMI

Für 1 großes Vorratsglas — 15 Minuten plus 12 Stunden Trockenzeit

ZUTATEN

1 kg Aprikosen, frisch
50 g Honig
50 g Ingwer, kandiert

ZUBEREITUNG

1. Die Aprikosen abbrausen, halbieren und entkernen. Grob würfeln. Früchte mit Honig und Ingwer auf höchster Stufe im Mixer zu einer feinen Fruchtpaste verarbeiten. Bei Bedarf durch ein Sieb streichen.
2. Die Fruchtpaste dünn auf einem Stück Backpapier verstreichen und auf ein Dörrgitter legen. Im Dörrapparat bei 40 Grad ca. 12 Stunden trocknen. Alternativ im Backofen bei 50 Grad Ober- und Unterhitze 10 – 12 Stunden trocknen, dabei den Backofen zwischendurch immer wieder öffnen, damit Feuchtigkeit entweichen kann.
3. Fruchtgummi in Streifen schneiden, in ein Glas geben und luftdicht verschließen

CLEVER

- Das Fruchtgummi funktioniert mit fast jeder Obstsorte. Besonders aromatisch mit saisonalen Früchten

TIMOS TIPP

Auch hier können Sie Brausepulver zum Fruchtgummi in das Glas geben und kurz schütteln. Prickelnd und sauer!

GEMÜSECRACKER – KNUSPERGEMÜSE

Gesund und nachhaltig snacken? Das geht! Timo zeigt Ihnen wie!

Für ca. 50 Stück   120 Minuten

ZUTATEN

250 g	Leinsamen, geschrotet
500 ml	Wasser, ca. (je nach Feuchtigkeitsgehalt des verwendeten Gemüse oder der verwendeten Gemüsesorte)
500 g	Gemüse, z. B. Rote Bete, Pastinake und Süßkartoffel
100 g	Schalotten
1 TL	Salz

ZUBEREITUNG

1. Leinsamen in warmem Wasser ca. 30 Minuten einweichen. In der Zwischenzeit das Gemüse schälen und in kleine Stücke schneiden. Die Schalotten anschließend grob zerkleinern.
2. Gemüse mit Schalotten in den Standmixer geben und auf höchster Stufe fein zerkleinern. Anschließend das Gemüsepüree in eine Rührschüssel geben und mit Leinsamen und Salz gut vermengen.
3. Den Backofen auf 120 Grad Heißluft vorheizen. Zwei Backbleche mit Backpapier belegen.
4. Die Gemüsemasse auf den Backblechen verteilen und glatt verstreichen. Im vorgeheizten Backofen ca. 30 Minuten backen. Dann den Gemüseteig wenden, das Backpapier abziehen und weitere 30 Minuten backen.
5. Die Gemüsecracker aus dem Ofen nehmen, erkalten lassen und in Stücke brechen oder schneiden.
6. In ein Einmachglas geben und verschließen. So sind die Cracker für viele Wochen haltbar.

TIMOS TIPP

Wenn Sie Gemüsesnacks in Rohkostqualität bevorzugen, sollten Sie einen Dörrapparat verwenden. Die Cracker darin bei 50 Grad für 10 – 12 Stunden trocknen. Die Trocknungsdauer variiert je nachdem, wie viel Wasser das Gemüse enthält und wie dick Sie die Masse aufstreichen. Wenn Sie mit Roter Bete arbeiten, sollten Sie Handschuhe tragen. Sie können die Cracker auch mit dunklem Leinsamen zubereiten und Kerne (wie Sonnenblumen- oder Kürbiskerne) auf die noch feuchte Masse streuen. Die Masse dann sehr dünn ausstreichen.

CLEVER

- Bei schönem Wetter und warmen Temperaturen können Sie Ihr Obst und Gemüse auch draußen dörren. Wie das geht, zeigt Ihnen Timo im Video.

GEMÜSEBRÜHE-PULVER

Gemüsebrühe ist das Universalgenie in der Küche – eine Grundlage für Suppen, Soßen und Eintöpfe. Timo zeigt, wie Sie das Gemüse pulverisieren und ganz ohne Zusatzstoffe einsetzen können

Für ein Vorratsglas, ca. 300 g   1 Stunde plus 4 – 6 Stunden Dörrzeit

ZUTATEN

- 500 g Karotten
- 500 g Knollensellerie
- 500 g Petersilienwurzel
- 250 g Zwiebeln
- 150 g Frühlingslauch
- 60 g Meersalz
- 20 g Kurkuma, frisch
- 15 g Knoblauch
- 5 Stiele Liebstöckel
- 5 g Pfeffer

ZUBEREITUNG

1. Das Gemüse waschen, schälen und in grobe Stücke schneiden. Zusammen mit allen anderen Zutaten (außer dem Pfeffer) im Küchenmixer fein zerkleinern und auf ein Backofengitter mit Backpapier geben. Mit dem Pfeffer bestreuen.

2. Im Dörrapparat oder im Backofen bei 60 Grad für 4 – 6 Stunden (je nach Geräteleistung) dörren. Erneut in einen Küchenmixer geben und zu einem feinen Pulver verarbeiten. In einem Einkochglas aufbewahren.

Anwendung: Für Brühe mit 1 Liter Wasser werden 40 Gramm Brühepulver benötigt. Die Würze kann zum Abschmecken und Verfeinern von Suppen, Soßen, Brühen und Fonds verwendet werden – eignet sich aber auch hervorragend zur Herstellung von Dressings oder zum Würzen von Fleisch, Fisch, Geflügel oder Gemüsegerichten. Das Pulver ist bis zu 1 Jahr haltbar!

TIMOS TIPP

Die Trocknungsphase kann sich je nach Gemüse und Geräteleistung ändern. Immer die Trockenheit des Endprodukts überprüfen und umgehend luftdicht und dunkel (am besten in einem großen Einmachglas) lagern. Beim Schneiden des Kurkumas sollten Sie Handschuhe verwenden, er färbt schnell ab.

CLEVER

► Ideal im Rezept „Pasta"-Kürbis auf Seite 52!

SÜSSER BOCKBIERSENF

Süßer Senf hat seinen ganz eigenen Charme. Timo verfeinert ihn mit Bockbier. Ein echter Alleskönner und ein schönes Mitbringsel für Lieblingsmenschen

Für 14 Einkochgläser à 100ml   45 Minuten

ZUTATEN

180 g	Senfkörner, weiß
15 g	Senfkörner, schwarz
300 g	Honig
220 ml	Bockbier
160 ml	Bieressig (aus dem Internet oder einer Brauerei)
2,5 g	Salz

ZUBEREITUNG

1. Die Senfkörner in einem Mörser mahlen oder in einer dafür geeigneten Küchenmaschine zu grobem Senfpulver verarbeiten.
2. Das Bockbier in einen flachen Topf geben und darin langsam erhitzen. Aufkochen lassen, bis der Bierschaum nach oben steigt.
3. Die gemahlenen Senfkörner ins heiße Bockbier geben, erneut erhitzen, vom Herd nehmen und ca. 15 Minuten ziehen lassen.
4. In der Zwischenzeit den Honig mit Essig und Salz in eine Schüssel geben. Mit einem Schneebesen glatt verrühren.
5. Die Bier-Senfkörner-Mischung erneut unter ständigem Rühren erhitzen.
6. Den Honig-Mix zugeben. Bei leichter Hitze ca. 3 Minuten rühren und umgehend im heißen Zustand in abgekochte Einmachgläser mit Gummidichtung oder Gläser mit Drehverschluss abfüllen und verschließen.

CLEVER

- Sie lieben scharfen Senf? Dann nehmen Sie mehr Gramm der schwarzen Körner. Diese sind schärfer als die weißen.
- Der Bockbiersenf passt hervorragend zu einer leckeren Weißwurst und einer guten Brezel. Oder auch zum Fleischkäse im Glas (S. 80).

TIMOS TIPP

Der Senf schmeckt zwar schon direkt nach der Herstellung, sein volles Aroma entfaltet er aber erst nach 2 – 3 Wochen im Glas. Er ist bei korrekter Lagerung bis zu 3 Monate haltbar. Sie können auch mit anderen Bieren experimentieren.

GRILLSOSSE MIT HONIG UND CHILI

Timo zeigt eine geniale Begleitung zu Grillgut – die temperamentvolle Soße verleiht Fleisch, Fisch und Gemüse die perfekte Würze

Für 2 Glasflaschen à ca. 500 ml | 1,5 Stunden

ZUTATEN

50 g	Knoblauch
1	Chilischote, rot
100 ml	Sonnenblumenöl
200 g	Perlzwiebeln (Glas, in Essig eingelegt)
200 g	Honig
30 ml	Zitronensaft
110 ml	Sojasoße
60 ml	Worcestershiresauce
250 ml	Ketchup
10 g	Currypulver
1 TL	Pfeffer, schwarz, geschrotet, gestrichen
1 TL	Koriandersamen, gemahlen, gestrichen
etwas	Salz

ZUBEREITUNG

1. Knoblauch schälen und grob hacken. Chilischote halbieren, entkernen und ebenfalls hacken. Perlzwiebeln abtropfen lassen, etwas Essigsud (ca. 50 ml) auffangen.
2. Öl in einem Topf erhitzen. Knoblauch darin farblos andünsten. Chili, Perlzwiebeln, Essigsud und Honig zugeben und köcheln lassen.
3. Zitronensaft, Sojasoße, Worcestershiresauce, Ketchup, Currypulver, Pfeffer und Koriandersamen zugeben, kurz erhitzen und alles fein pürieren, bis eine soßenartige Konsistenz entsteht. Mit Salz würzen.
4. Die Grillsoße mit einem Trichter in die vorher abgekochten Gläser füllen. Die Gläser verschließen und für 45 Minuten bei 100 Grad einkochen. Das funktioniert in einem einfachen Topf oder auch im Dampfgarer.
5. Anschließend die Gläser herausnehmen und langsam abkühlen lassen. Die Soße ist kühl und dunkel gelagert bis zu ca. 12 Monate haltbar.

TIMOS TIPP

Die Grillsoße bis ca. 1 cm unter den Rand einfüllen, nicht zu viel ins Glas füllen! Die Soße kann vor der Verwendung noch mit frischen Kräutern – z. B. Petersilie, Schnittlauch oder Kerbel – verfeinert werden.

KNÖDEL IM GLAS

Sie gehören zu den schönsten Nebensachen der Welt! Locker müssen sie sein, damit sie ganz viel Soße aufnehmen können. Knödel direkt aus dem Glas genießen? Das geht!

Für 3 Einkochgläser à 300 ml | 40 Minuten

ZUTATEN

140 g	Weißbrot (vom Vortag)
100 g	Petersilienwurzel
30 g	Rapsöl
80 g	Zwiebel
10 g	Knoblauch
300 g	Milch
70 g	Speck oder Bacon, durchwachsen (kann weggelassen werden)
2	Eigelb (Größe M)
1 g	Muskatnuss
5 g	Salz
2 g	schwarzer Pfeffer, geschrotet
5 g	Salz

ZUBEREITUNG

1. Das Brot in (ca. 1 x 1 cm) große Stücke schneiden.
2. Petersilienwurzel schälen und in gleichmäßig große Stücke (0,5 x 0,5 cm) schneiden.
3. Das Öl in einer Pfanne erhitzen. Petersilienwurzeln darin bei mittlerer Hitze ca. 5 Minuten goldbraun braten (wie Bratkartoffeln). Anschließend zu den Brotstücken geben.
4. Knoblauch und Zwiebel abziehen und in feine Würfel schneiden.
5. Die Milch in einem Topf aufkochen, die Zwiebeln und den Knoblauch zugeben und mitgaren. Mit Muskat, Salz und schwarzem Pfeffer abschmecken.
6. Die kochende Milch über das Brot geben, mit einem Deckel abdecken und ca. 10 Minuten stehen und abkühlen lassen.
7. Sofern Sie die Knödel mit Speck zubereiten möchten, diesen fein würfeln. Speck im Bratfett der Petersilienwurzel knusprig auslassen und etwas abkühlen lassen.
8. Speck und die beiden Eigelbe zufügen und gut mischen. Achten Sie darauf, dass der Anteil an festen Bestandteilen (Brotstücken) und feiner Masse genau 50 % und 50 % beträgt. Ansonsten werden die Knödel nicht so fluffig und nehmen beim Verzehr weniger Soße auf.
9. Die sterilen Gläser im unteren Bereich bis ca. 3 cm vor dem Glasrand mit etwas Öl einfetten. Den Glasrand nicht verschmutzen.
10. Die Knödelmasse einfüllen. Die Gläser mit dem Deckel verschließen und für 120 Minuten bei 100 Grad im Topf oder im Einkochapparat (zu drei Vierteln mit kaltem Wasser befüllt) einmachen. Die Knödel sind bis zu 6 Monate haltbar.

TIMOS TIPP

Vor dem Verzehr die Gläser im geschlossenen Zustand für ca. 10 Minuten in einem Kochtopf mit Wasser erhitzen. Der Platz zwischen Glasrand und Knödel reicht für Pilzrahmsoße oder fein marinierten Feldsalat.

CLEVER

► Passt perfekt zum Wildschweinbraten im Glas (S. 68)!

GEBEIZTES FILET VON DER LACHSFORELLE

MIT GIN UND JOHANNISBEERNEKTAR

Beizen ist eine traditionelle Methode, um Fisch haltbar zu machen. Eine wichtige Komponente dabei ist Salz, es entzieht dem Fisch Wasser, macht ihn zarter und aromatischer. Diese Beize eignet sich auch für andere Fische wie Lachs oder Saibling

Für 1 großes Glas à 500 ml / entspricht 2 Portionen Fischfilet — mehr als 4 Stunden

ZUTATEN

100 g	Lachsforellenfilet (von einer ganzen Forelle)
20 g	Salz
10 g	Zucker
5 ml	Gin (alternativ durch Johannisbeernektar ersetzen)
60 ml	Zitronensaft
2 g	Wasabipaste
100 g	Johannisbeernektar (oder anderer roter Fruchtsaft)

ZUBEREITUNG

1. Die fangfrische Lachsforelle filetieren, Gräten ziehen und das Filet von der Haut befreien. Die Filetstücke der Gläsergröße entsprechend in große Stücke schneiden.
2. Salz, Zucker, Gin, Zitronensaft, Wasabi und den Fruchtsaft in ein Einmachglas geben. Den Deckel verschließen, kräftig schütteln. Alle Zutaten sollten sich vermischt und gelöst haben.
3. Das Fischfilet in die Flüssigkeit geben (muss komplett bedeckt sein), das Glas fest verschließen, für 24 Stunden im Kühlschrank bei 0 – 3 Grad kaltstellen bzw. beizen.
4. Am nächsten Tag das Lachforellenfilet unter fließendem Wasser kalt abspülen. Den Fisch in das sterile Glas dicht einfüllen, luftdicht verschließen. Umgehend kalt stellen!

Hinweis: Haltbarkeit: 2 – 3 Wochen (bei korrekter Salzgarung, sauberer Produktion und ununterbrochener Kühlung bei 0 – 3 Grad). Die angegebene Haltbarkeitsdauer kann nur bei korrekter Zubereitung und richtiger Lagerung erreicht werden.

TIMOS TIPP

Servieren Sie die Lachsforelle in dünnen Scheiben mit Wasabi, eingelegtem Ingwer, einem Klecks Forellenkaviar, Schnittlauch oder Lauchzwiebeln. Auch köstlich: mediterran auf mit Honig marinierten Zitrusfrüchten mit einem ofenfrischen Weißbrot.

KARTOFFEL-LINSENEINTOPF

Der Kartoffel-Linseneintopf ist der ideale Klassiker für kalte Wintertage. Kurz aufgewärmt sättigt er nicht nur schnell, sondern wärmt auch von innen

Für 5 Einkochgläser à 400 ml   4 Stunden

ZUTATEN

80 g getrocknete Bio-Linsen
150 g Karotten, gewürfelt
25 g Rapsöl
800 g Kartoffeln, vorwiegend festkochend
80 g Zwiebel
15 g Knoblauch
1,5 l Gemüsebrühe
Muskatnuss
Salz, Pfeffer
2 Zweige Majoran, frisch

CLEVER

- Für die im Rezept aufgeführte Gemüsebrühe eignet sich hervorragend Timos Gemüsebrühepulver (S. 33).
- Um zu verhindern, dass die beiseitegestellten Kartoffelwürfel braun werden, können Sie sie mit Wasser bedecken.

ZUBEREITUNG

1. Linse kalt abspülen. In einen Topf geben und in reichlich Wasser, je nach Sorte, ca. 30 – 40 Minuten weich kochen. Währenddessen die Karotten schälen.

2. Einen weiteren Topf mit Öl erhitzen, gewürfelte Karotten im Öl goldbraun anbraten, die Karotten aus dem Topf nehmen und beiseitestellen.

3. Die Kartoffeln schälen und ca. 200 g davon in grobe Würfel schneiden (dient später als Einlage).

4. Zwiebeln und Knoblauch fein schneiden, im verbliebenen Öl anschwitzen. Mit der Gemüsebrühe auffüllen und erhitzen.

5. In der Zwischenzeit die restlichen Kartoffeln klein schneiden und zum Verkochen in die Brühe geben. Die Karotten, die grob gewürfelten Kartoffeln und die Linsen für die spätere Einlage bereithalten.

6. Nach ca. 20 Minuten sollten die Kartoffeln im Eintopf vollständig verkocht sein. Alternativ mit einem Stabmixer die restlichen Stückchen pürieren.

7. Die übrigen Kartoffelwürfel in die Brühe geben und so lange im Ansatz kochen, bis sie fast weich sind.

8. Karotten und die Linsen hinzufügen. Mit Salz, Pfeffer und Muskatnuss abschmecken.

9. Majoran klein hacken und mit in den Eintopf geben.

10. Einkochvorgang: Den Eintopf in sterile Einmachgläser umfüllen und verschließen. Beim Füllen der Gläser 2 – 3 cm Luft zum Rand lassen, um ein Überkochen beim Einkochen zu vermeiden. Die Gläser in den Einkochtopf stellen. Topf bis zu drei Vierteln mit warmem Wasser befüllen. Bei 100 Grad für 120 Minuten einkochen.

Serviervorschlag: Nach dem Erhitzen im Einmachglas jedem Glas einen großen Esslöffel Creme fraîche beigeben und verrühren. Garniert

mit frischem Schnittlauch oder Karottengrün ein echter Gaumenschmeichler. Ergänzen Sie noch ein (Tofu-)Würstchen. Auch Speck schmeckt hervorragend in diesem Eintopf.

TIMOS TIPP

Sie können auch andere Linsensorten verwenden. Diese müssen Sie eventuell einweichen. Beachten Sie die Packungsbeilage.

HÜHNERBRÜHE

ZAUBERTRANK GEGEN ERKÄLTUNG

Die Nase läuft, der Hals kratzt – die ersten Anzeichen einer beginnenden Erkältung. Jetzt wirkt eine heiße Hühnerbrühe oder -suppe wahre Wunder. Timo gibt noch Ingwer, Chili und Honig dazu, die ebenfalls zahlreiche Wirkstoffe enthalten, um eine beginnende Erkältung im Keim zu ersticken. Abgefüllt in kleine Portionsflaschen ist der „Zaubertrank" immer schnell zur Hand

Für 15 Bügelflaschen à ca. 200 ml | **90 Minuten**

ZUTATEN

1	Suppenhuhn (ca. 1 – 1,5 kg)
200 g	Zwiebeln
100 g	Petersilienwurzel
30 g	Knoblauch
50 g	Ingwer
100 g	Karotten
80 g	Lauch
100 g	Staudensellerie
1	Chilischote
30 ml	Raps- oder Sonnenblumenöl
40 g	Honig
0,25	Stange Zimt
5 Liter	Wasser
	Salz nach Geschmack (Timos Empfehlung: 8 – 10 g Salz auf 1 Liter fertige Brühe)

ZUBEREITUNG

1. Den Beutel mit den Innereien aus der Bauchhöle des Suppenhuhns nehmen.
2. Zwiebeln, Petersilienwurzel, Knoblauch, Ingwer und Karotten schälen. Alles bis auf Zwiebel und Knoblauch in grobe Stücke schneiden. Den Knoblauch ganz lassen, die Zwiebeln in grobe Spalten bzw. Würfel schneiden.
3. Lauch und Sellerie ebenfalls grob schneiden. Die Blätter vom Sellerie mitverwenden. Chilischote längs halbieren und nach Belieben entkernen.
4. Öl in einer Pfanne erhitzen. Petersilienwurzel, Karotten und Knoblauch anbraten, bis diese eine goldbraune Farbe erhalten. Danach Zwiebeln, Ingwer und Chili zugeben und ebenfalls kurz anrösten. Lauch und Sellerie untermischen und kurz mitdünsten, nicht mehr anrösten.
5. Das gebratene Gemüse in einen großen Kochtopf geben, das küchenfertige Huhn auf das Gemüse setzen. Erst den Honig, dann die Zimtstange zugeben. Alles mit Wasser auffüllen. Das Huhn – je nach Größe – etwa 60 – 90 Minuten langsam köcheln lassen, bis sich das Fleisch ganz leicht vom Knochen ablöst.
6. Huhn aus der Brühe nehmen, die Brühe durch ein Sieb geben und mit Salz abschmecken.
7. Brühe entweder mit dem Hähnchenfleisch und ein paar Suppennudeln servieren und direkt verzehren oder die Brühe (ohne Einlage) einkochen.

8. Brühe einkochen: Die warme Brühe mit Hilfe eines Trichters 3 – 4 cm unter dem Rand in Bügelflaschen oder Flaschen mit Twist-Off-Deckeln abfüllen, umgehend verschließen. Die Flaschen in einen Einkochtopf stellen. Den Topf mit warmem Wasser befüllen, bis nur noch der Flaschenhals herausschaut, den Topf abdecken. Die Einkochzeit beginnt, sobald das Wasser kocht. Ab diesem Moment die Flaschen im kochenden Wasser bei 100 Grad etwa 60 – 120 Minuten einkochen. Flaschen anschließend aus dem Wasser nehmen und auf einem Küchentuch vollständig auskühlen lassen.

Hinweis: Eine Haltbarkeit von mehreren Monaten kann nur bei korrekter Zubereitung und richtiger Lagerung erreicht werden.

TIMOS TIPP

Kleine Flaschen (0,2 Liter) verwenden. So haben Sie immer eine Suppenportion griffbereit und können beim kleinsten Anzeichen einer Erkältung gleich reagieren.

CLEVER

- Wenn Sie Bio-Gemüse verwenden, müssen Sie das Gemüse nicht schälen. Gerade in der Schale stecken viele Inhaltsstoffe.
- Zum Abschmecken die Gemüsebrühe auf S. 33 verwenden.

STREUOBSTKUCHEN IM GLAS

Kleine Kuchen im Glas sehen hübsch aus, machen viel her und lassen sich leicht servieren. Jeder bekommt seinen eigenen Kuchen und kann ihn nach Lust und Laune mit Sahne, Eis oder einfach pur genießen. Das Beste: Sie gelingen immer

Für 8 Einkochgläser à 200 ml   90 Minuten

ZUTATEN

Für den Krokant

100 g	Haselnüsse
120 g	Zucker

Für den Teig

30 ml	Zitronensaft
1 TL	Bio-Zitronenschale
150 g	Birnen
150 g	Apfel
3	Eier (Größe M, ca. 160 g)
180 g	Butter
80 g	Zucker
200 g	Mehl
5 g	Backpulver
1	Prise Salz
1	Mark von Vanilleschote (alternativ: 1 TL Vanillepulver)

ZUBEREITUNG

1. Haselnüsse in eine Pfanne geben und ca. 1 – 2 Minuten anrösten. Zucker darüber streuen und unter Rühren karamellisieren lassen.
2. Haselnusskaramell auf ein Backpapier geben, etwas glattstreichen und abkühlen lassen.
3. Zitronensaft und -schale in eine Schüssel geben.
4. Äpfel und Birnen abbrausen, schälen, entkernen und das Fruchtfleisch in Würfel schneiden (soll etwa 300 g ergeben). Mit Zitronensaft und -schale mischen.
5. Für den Teig Eier in eine Schüssel geben. Mit dem Zucker verquirlen. Weiche Butter zugeben und alles glatt verrühren.
6. Mehl, Backpulver, Salz und Vanillemark mischen. Zur Butter-Ei-Mischung geben und alles zu einem glatten Teig verrühren (alternativ: alle Zutaten in eine Küchenmaschine geben).
7. Nusskaramell hacken: am besten in ein sauberes Küchentuch geben und mit einem Fleischplattierer oder Nudelholz fein zerkleinern.
8. Nussmischung mit Äpfeln mischen und alles unter den Teig rühren.
9. Die sterilen Gläser in der unteren Hälfte einfetten.
10. Backofen auf 180 Grad Umluft vorheizen. Die Gläser nur bis zu zwei Dritteln mit dem Teig befüllen. Der Kuchen geht beim Backen auf. Lassen Sie ausreichend Platz, damit das Glas gut verschlossen werden kann. Die Ränder säubern.
11. Gläser offen auf ein Backblech stellen. Auf der mittleren Schiene ca. 25 – 30 Minuten backen.
12. Streuobstkuchen herausnehmen, sofort verschließen und in den Kühlschrank stellen. Der Kuchen ist ca. 1 Woche haltbar.
13. Zum Servieren: Die Gläser in einen flachen Topf mit siedendem

Wasser stellen und etwa 10 Minuten erwärmen. Dann den Kuchen entweder mit Puderzucker bestäuben oder mit Eiscreme und Schlagsahne servieren und genießen.

Haltbarkeit verlängern: Sie können diesen Kuchen durch Einmachen (100 Grad / 90 Minuten) für mehrere Monate haltbar machen. Allerdings wirkt sich der lange Einkochprozess auf die Konsistenz und den Geschmack aus. Darum empfiehlt Timo die kürzere Haltbarkeit von einer Woche und die Lagerung im Kühlschrank!

EINGELEGTES GEMÜSE

Timo Böckles Grundrezept für einen Essigsud passt nicht nur zu Karotten und Roter Bete, sondern auch zu anderen Gemüsesorten wie Paprika, Gurken, Zucchini, Kürbis oder Tomaten. Mit Gewürzen wie Knoblauch, Zwiebeln, Ingwer, Senfsaat oder Kräutern wie Dill, Thymian, Rosmarin bekommen die Gemüsesorten immer wieder ein anderes Aroma

Für ca. 3 – 6 Einkochgläser à 325 ml 60 Minuten

ZUTATEN

Für den Sud

- 1 l Wasser
- 1 l Weißweinessig oder heller Balsamicoessig
- 20 g Salz
- 20 g Honig

Für die Karotten

- 1 Bund Karotten, mehrfarbig (nach Belieben)
- 1 Stück Ingwer (ca. 5 – 6 cm)

Für die Rote Bete

- 2 – 3 Knollen Rote Bete
- 3 – 6 Knoblauchzehen
- Senfkörner, hell und dunkel (nach Belieben)

ZUBEREITUNG

1. Für den Sud Wasser, Essig, Salz und Honig in einem Topf verrühren und aufkochen lassen.
2. Die Karotten putzen bzw. schälen und in gleichmäßige Stücke schneiden. Nach Belieben auch in Blütenform.
3. Ingwer schälen, stückeln.
4. Die Karotten und jeweils 1 Stück Ingwer in die sterilisierten Gläser geben. Die Hälfte des Suds zugeben, bis ca. 2 – 3 cm unter den Rand.
5. Die Gläser verschließen und z. B. im Einkochtopf oder in einem normalen Topf bei 90 Grad 30 Minuten einkochen.
6. Die Rote Bete schälen und entweder fein würfeln oder mit einem Kugelausstecher Kugeln ausstechen (aus den Resten Salat, eine Suppe oder einen Smoothie zubereiten: Rote Bete roh mit Äpfeln und etwas Petersilie pürieren und genießen).
7. Knoblauch abziehen. Rote Bete in Gläser füllen. Jeweils 1 Knoblauchzehe und einige Senfkörner zugeben. Mit dem übrigen Sud auffüllen. Ebenfalls bei 90 Grad ca. 30 Minuten einkochen.

Danach überprüfen, ob alle Gläser fest verschlossen sind. Kühl und dunkel gelagert hält sich die Soße ca. 3 – 6 Monate.

CLEVER

- Eignet sich perfekt zum Verschenken. Ein optischer Hingucker!

REZEPTE FÜR EINKOCH-ERPROBTE

VOM FELD INS GLAS

Feuer gefangen? Dann sollten Sie sich an die folgenden Rezepte wagen. Achten Sie besonders auf die Hygiene beim Einkochen und erhitzen Sie Ihr Einkochgut unbedingt nach 24 Stunden erneut. Guten Appetit!

FERMENTIERTER ROTKOHL ASIASTYLE

Timo Böckle legt Rotkohl mit verschiedenen asiatischen Gewürzen ein und macht ihn so länger haltbar!

Für 2 Einmach- oder Gärgläser à ca. 1 l

40 Minuten

ZUTATEN

- 1 kg Rotkohl (möglichst aus heimischem Anbau)
- 6 Zehen Knoblauch
- 1 – 2 Chilischoten (je nach Schärfe und Geschmack)
- 60 g kandierter Ingwer
- 20 g Salz
- 10 g Zucker
- 30 g geröstetes Sesamöl

Außerdem

Gär-Beschwerungsgewichte wie große Glasmurmeln im Netz oder kleine flache Granitsteine zum Bedecken des Kohls in den Gläsern

ZUBEREITUNG

1. Die Gläser, Deckel und Beschwerungsgewichte gründlich säubern. Dann sorgfältig mit kochendem Wasser abspülen und auf einem sauberen Geschirrtuch abtropfen lassen.
2. Den Kohl putzen, waschen, abtropfen lassen und die dicken Blattrippen ausschneiden. Kohl in feine Streifen schneiden oder hobeln und in eine große Schüssel geben.
3. Den Knoblauch abziehen. Chilischote putzen, waschen, trocken tupfen. Knoblauch und Chilischote fein würfeln. Ingwer sehr fein hacken.
4. Knoblauch, Chili, Ingwer, Salz und Zucker zum Kohl geben und untermischen. Alles mit den Händen gründlich durchkneten, bis der Kohl glasig wird und etwas Flüssigkeit austritt.
5. Kohl nach und nach in die vorbereiteten Gläser füllen, dabei die Lagen mit einem Löffel zusätzlich gründlich eindrücken und verdichten, sodass keine Luft eingeschlossen wird. Den eingesetzten Kohl mit je 1 EL Sesamöl bedecken.
6. Kohl mit den vorbereiteten Gewichten beschweren, sodass der Kohl stets mit etwas Flüssigkeit bedeckt ist.
7. Glasdeckel (ohne Gummi) locker auf das Glas setzen, sodass entstehende Gärgase entweichen können. Den Kohl an einem kühlen, dunklen Ort (z. B. Kellerraum; nicht im Kühlschrank!) lagern, fermentieren und reifen lassen. Nach etwa 2 – 4 Wochen ist der Kohl fermentiert und schmeckt feinsäuerlich-würzig. Die Gläser verschlossen (Dichtungsgummi dazwischensetzen) und gekühlt (Kühlschrank) lagern. Jetzt ist er mehrere Monate im Kühlschrank haltbar.

TIMOS TIPP

Der fermentierte Kohl kann als Beigabe in Reisgerichten, in Salaten, zu Grillfleisch oder Burgern gereicht werden. Nach 2 – 4 Wochen verändert sich der Geschmack durch die Milchsäure (Fermentation). Bei der Zubereitung bitte unbedingt auf saubere Küchengeräte achten, ggf. auch mit Einmalhandschuhen arbeiten, damit keine Fremdkeime ins Kraut gelangen, die es während des Reifungsprozesses verderben lassen könnten.

CLEVER

- Sie können auch Weißkraut verwenden und zusätzlich 2 EL Paprikapulver unter das Kraut mischen.

„PASTA"-KÜRBIS IM GLAS

Kürbis perfekt haltbar machen und lagern: Der Kürbis im Glas passt super zu leckeren Dinkel-Tagliatelle!

Für 4 Einkochgläser à ca. 400 ml — 3 Stunden

ZUTATEN

1 kg	Hokkaido-Kürbis
100 g	Zwiebeln
10 g	Knoblauch (ca. 3 Zehen)
1 – 2	rote Chilischoten, klein
400 g	Süßkartoffeln
900 ml	Gemüsebrühe
200 g	Limettenfruchtfleisch (entspricht ca. 6 – 7 Limetten)
6 g	Salz

ZUBEREITUNG

1. Den Kürbis waschen, trockenreiben und halbieren. Die Kerne mit einem Löffel entfernen.
2. Eine Hälfte vom Kürbis in grobe Stücke, die andere Hälfte in feine, möglichst gleichmäßige Würfel schneiden, getrennt bereitstellen.
3. Die Zwiebeln und den Knoblauch abziehen und in Würfel schneiden. Chilischoten putzen, waschen, trockenreiben und entkernen. Das Fruchtfleisch fein hacken.
4. Die Süßkartoffeln schälen, waschen, abtropfen lassen und ebenfalls in grobe Stücke schneiden.
5. In einem großen Topf die Gemüsebrühe aufkochen. Die grob geschnittenen Kürbisstücke, Süßkartoffeln, Zwiebelwürfel, Knoblauch und Chili zugeben. Alles unter Rühren aufkochen und etwa 10 – 15 Minuten weichkochen.
6. Währenddessen Limetten mit einem scharfen Messer dick schälen, sodass die weiße Haut mit entfernt wird. 200 g Fruchtfleisch fein würfeln, dabei abtropfenden Saft auffangen und alles bereitstellen.
7. Den Ansatz mit einem Pürierstab durchmixen.
8. Die fein gewürfelten Kürbisstücke, vorbereitetes Fruchtfleisch und -saft in die Soße geben. Alles nochmals kurz aufkochen lassen. Die Mischung mit Salz abschmecken.
9. Zum Einkochen den Kürbismix in vorbereitete, sterilisierte Einkochgläser verteilen, fest verschließen. Die Gläser in einen Einkochautomaten oder großen Kochtopf einstellen, zu drei Vierteln mit heißem Wasser bedecken und bei 100 Grad für 120 Minuten einkochen. Nach 24 Stunden den Einkochvorgang erneut wiederholen.
10. Gläser auskühlen lassen. Kühl, trocken und dunkel lagern.

TIMOS TIPP

Zum Servieren für 4 Personen 400 g Tagliatelle (z. B. Dinkel-Tagliatelle) oder andere Pasta nach Wahl in kochendem Salzwasser nach Packungsanleitung bissfest garen. 1 Glas „Pasta"-Kürbissoße in einen Topf geben und erhitzen. Pasta abtropfen lassen, heiß zur Soße geben und alles durchschwenken. Auf vorgewärmten Tellern verteilen und mit gerösteten Kürbiskernen, getrockneten Cranberrys und nach Belieben frisch geriebenem Parmesan verfeinert anrichten.

CLEVER

- Auch hier eignet sich das selbstgemachte Gemüsebrühepulver von Timo (S.33).

DIE BESTE TOMATEN-SOSSE DER WELT

Timo beruft sich auf dasTomatensoßen-Grundezept von Ikonin Marcella Hazan, erstellt aber seine eigene Version davon

Für 6 Einkochgläser à 250 ml   3 Stunden

ZUTATEN

1,6 kg	Tomaten
1 EL	Salz
1	große Zwiebel, süß
70 g	Butter
1 EL	Zucker

ZUBEREITUNG

1. Die Tomaten waschen, halbieren und den Stielansatz entfernen. Anschließend auf ein Backblech mit der Schnittfläche nach oben legen und mit Salz bestreuen. Tomaten im Backofen bei 120 Grad Umluft ca. 2 Stunden backen.
2. Anschließend die Tomaten herausnehmen und in einen Topf geben. Die Zwiebel schälen und halbieren. Mit Butter und Zucker zu den Tomaten geben. Alles aufkochen und unter ständigem Rühren ca. 15 Minuten köcheln lassen, dabei die Tomaten mit dem Rührlöffel weiter zerkleinern.
3. Die Zwiebeln entnehmen und die Tomatensauce durch ein Sieb passieren. Tomatensauce in abgekochte Gläser füllen, dabei ca. 1 cm zum Rand frei lassen.
4. Gläser fest verschließen. Anschließend z. B. in einen Dampfdrucktopf mit Bodengitter (oder anderen Abstandshaltern) geben. Etwa 1 Liter Wasser einfüllen und die Gläser bei 120 Grad 12 – 15 Minuten einkochen. Die Einkochzeit beginnt, sobald die Temperatur erreicht ist. Anschließend den Dampf langsam aus dem Topf entweichen lassen, die Gläser auf einem Küchentuch 24 Stunden ruhen lassen.

TIMOS TIPP

Ein haushaltsüblicher Backofen mit 4 Einschüben schafft die dreifache Menge dieses Rezepts. Besonders gut schmeckt die Tomatensauce mit fermentierten Minitomaten, Kräutern oder Parmesan – einfach kurz vor dem Anrichten zur Pasta geben. Die Sauce sollte innerhalb von 6 Monaten verzehrt werden. Eine längere Lagerung ist bei richtiger Anwendung sicher möglich, allerdings leidet dann bereits die Qualität des Produkts. Achten Sie auf die Qualität der Tomaten. Je intensiver, umso geschmackvoller wird die Soße.

FERMENTIERTE TOMATEN IM GLAS

Wunderbar aromatisch und unglaublich vielfältig. Je nachdem, welche Kräuter Sie der Lake hinzufügen, verändern auch die Tomaten ihren Geschmack. Seien Sie experimentierfreudig!

Für 2 Einkochgläser à ca. 500 ml | 30 Minuten

ZUTATEN

15 g	Salz
1 l	Wasser
700 g	Minitomaten, bunt

Zum Aromatisieren

einige	Chilischoten
einige	Pfefferkörner
einige	Knoblauchzehen
3	Stiele Thymian
3	Stiele Oregano
einige	Basilikumblätter

Außerdem

Gewichte zum Beschweren

ZUBEREITUNG

1. Zunächst die Gläser, Deckel und Gewichte in Wasser abkochen und anschließend auskühlen lassen.
2. In einem Kochtopf das Wasser erhitzen, dann das Salz hinzufügen und unter Rühren lösen. Die Salzlake abkühlen lassen.
3. Die Tomaten waschen, einige Male einstechen, in die Gläser füllen. Je nach Geschmack weitere Zutaten wie Chili oder Kräuter waschen und hinzufügen. Die Gläser mit Salzlake auffüllen, sodass die Tomaten komplett bedeckt sind. Nun die Gewichte in die Gläser geben, auch diese sollten mit Salzlake bedeckt sein.
4. Anschließend die Gläser abdecken und 5 – 7 Tage an einem dunklen Ort aufbewahren. Während des Fermentationsprozesses verändert sich der Inhalt der Gläser und wird milchig trüb. Tomaten fest verschlossen im Kühlschrank lagern.

TIMOS TIPP

Hygiene und einwandfreie Lebensmittel sind bei der Fermentation essenziell! Alle Gerätschaften und Zutaten sollten sauber sein, die Hände einmal mehr zu waschen schadet sicher nicht.

CLEVER

► Tomaten z. B. zu Schinken, Nudeln mit Tomatensoße (S. 54) oder reifem Käse servieren.

TOMATENMARK IN ROT UND GELB

Das Beste was einer Tomate passieren kann. Tomatenmark ist unverzichtbar – ob zum Würzen oder Verfeinern verschiedener Gerichte. Timo bereitet es in rot und gelb zu

Für ca. 6 – 8 Einkochgläser à ca. 100 ml   120 Minuten

ZUTATEN

2 kg	Tomaten (jeweils in rot oder gelb)
500 ml	Olivenöl
500 ml	Rapsöl
10 g	Rohrzucker, braun
15 g	Salz
1	Knoblauchknolle (ca. 40 g)
3	Stiele Oregano, frisch, ca.

ZUBEREITUNG

1. Tomaten abbrausen und den Strunk kreisförmig herausschneiden. Die Haut der Tomaten sternförmig einschneiden.

2. Einen hohen Topf mit Olivenöl und Rapsöl auf ca. 130 Grad erhitzen. Die eingeschnittenen Tomaten portionsweise im heißen Fett frittieren, bis die Haut sich hell verfärbt und knusprig wirkt.

3. Tomaten aus dem Öl heben, etwas abtropfen und abkühlen lassen. Die Haut abziehen, solange die Tomaten noch warm sind.

4. Die Tomaten fein hacken.

5. Jetzt gibt es zwei Methoden, um die Tomaten zu garen. Methode 1: Topf mit Siebeinsatz. Die Tomaten in das Sieb setzen. Zucker und Salz darüber verteilen. Die Knoblauchknolle halbieren und eine Hälfte in die Mitte des Siebeinsatzes setzen. Backofen auf 140 Grad Ober- und Unterhitze vorheizen. Tomaten auf mittlerer Schiene ca. 2,5 Stunden entwässern bzw. garen.

6. Methode 2: Einen weiten, flachen Topf mit 150 ml Frittieröl oder frischem Olivenöl erhitzen. Den halbierten Knoblauch darin andünsten. Rohrzucker zum Knoblauch geben und leicht karamellisieren lassen. Die Tomaten zufügen, mit Salz würzen. Tomaten ca. 45 Minuten unter ständigem Rühren einkochen lassen.

7. Inzwischen den Oregano grob zerzupfen, zu den Tomaten geben und etwa 5 – 10 Minuten mitgaren.

8. Hat das Mark eine feste Konsistenz ohne sichtbare Flüssigkeit erreicht, Oregano und Knoblauch herausnehmen. Die Tomatenmasse in einem Küchenmixer fein pürieren.

9. Das Tomatenmark in sterile Gläser füllen, dabei einen ca. 1 cm breiten Rand frei lassen.

10. Gläser in einen Einkochtopf stellen. Einen Abstandshalter bzw. Einlegerost auf den Boden des Topfes stellen, damit die Gläser den

Topfboden nicht berühren. Dann das Wasser so hoch einfüllen, dass die Gläser zu ca. zwei Dritteln im Wasser stehen.

11. Das Tomatenmark bei 100 Grad, ca. 1 Stunde einkochen (die 60 Minuten zählen erst, wenn das Wasser 100 Grad erreicht hat).

12. Anschließend herausheben und auf einem Tuch abkühlen lassen. Den Einkochvorgang nach 24 Stunden wiederholen. Das Tomatenmark ist kühl und dunkel gelagert ungeöffnet ca. 12 Monate haltbar.

TIMOS TIPP

Den Strunk der Tomate sollten Sie immer wegschneiden. Denn dieser enthält den Stoff Solanin, der zu Übelkeit und Kopfschmerzen führen kann. Abgesehen davon schmeckt er bei großen Tomaten meist auch unangenehm bitter und ist holzig. Besonders fein wird das Mark, wenn man es nach dem Mixen noch mal durch ein Sieb streicht, um die Kerne zu entfernen.

DUNKLE SOSSE – VEGETARISCH

Eine Grundsoße, die Sie auf Vorrat zubereiten können und die auch Vegetarier begeistert. Mit ganz viel Gemüse und Geschmack!

Für 5 Flaschen à 400 ml 2 Stunden

ZUTATEN

500 g	Knollensellerie
300 g	Karotten
300 g	Petersilienwurzel
400 g	Zwiebeln, rot
250 g	Champignons
300 g	Tomaten
0,5	Knoblauchknolle
100 g	Butterschmalz
4 l	Wasser
1 l	Rotwein
200 ml	Balsamicoessig, dunkel
20 g	Salz
12	Pfefferkörner, schwarz
5	Wacholderbeeren
1	Lorbeerblatt

Für die Bindung der Soße (zum sofortigen Verzehr)

90 g	Mehl
70 g	Butterschmalz
70 g	Tomatenmark

Sofern Sie die Soße einkochen wollen

60 g	Maisstärke
50 ml	Rotwein

ZUBEREITUNG

1. Für die Soße das Wurzelgemüse abbrausen und kurz abbürsten. Zwiebeln und Knoblauch schälen und bereitstellen.
2. Das Gemüse sowie die Zwiebeln in grobe, aber gleichmäßige Stücke schneiden und getrennt voneinander bereitstellen.
3. Die Tomaten grob schneiden, die Champignons halbieren.
4. Butterschmalz in einem Topf erhitzen. Zuerst die Karotten, Sellerie und Petersilienwurzel gleichmäßig von allen Seiten darin bräunen.
5. Danach Zwiebeln und Champignons zufügen und ebenfalls bräunen. Tomatenstücke und den Knoblauch zugeben.
6. Alles mit Wein sowie Balsamicoessig ablöschen und um die Hälfte einkochen lassen. Den Ansatz mit Wasser auffüllen und 30 Minuten kochen lassen.
7. Die Gewürze zugeben und weitere ca. 20 Minuten köcheln lassen.
8. Sofern Sie die Soße einkochen wollen: Maisstärke und Wein mischen, bis sich die Stärke löst. Zur Soße hinzufügen, dabei aufkochen lassen. Abpassieren und in sterilisierte Gläser füllen. Einen 2 – 3 cm hohen Rand nach oben lassen. In einen Dampfdrucktopf mit Abstandshaltern geben, mit warmem Wasser befüllen. Herd anschalten. Die Einkochzeit beginnt erst, wenn der Einkochtopf seinen vollen Druck entwickelt hat (nach ca. 15 Minuten einkochen). Dampf langsam ablassen.
9. Sofern Sie die Soße gleich verzehren wollen: Für die Bindung Butterschmalz in einem kleinen Topf erhitzen. Mehl unter das heiße Fett rühren und leicht bräunen. Tomatenmark zugeben, weiter kräftig rühren und die Mehlschwitze nochmal leicht anrösten. Den fertigen Gemüsefond durch ein feines Sieb passie-

ren und erneut aufkochen lassen. Die tomatisierte Mehlschwitze zur Soße geben und unter ständigem Rühren köcheln lassen, bis die Soße eine leicht sämige Konsistenz hat.

TIMOS TIPP

Es ist wichtig, dass Sie sich bei den einzelnen Schritten ausreichend Zeit lassen. Jeder Arbeitsschritt sollte bis zum Ende (ordentliche Röstung) ausgeführt werden – Ziel ist eine optimale Gemüsebräunung. So entsteht durch den Eigengeschmack der guten Gemüse, Karamellisierungs- und Röstprozesse eine leckere Soße – ganz ohne Fleisch.

CLEVER

- Bevor Sie mit der Zubereitung beginnen, sollten Sie sich schon mal alle Zutaten und Utensilien zusammensuchen und zurechtlegen. In der Sprache der Köchinnen und Köche nennt man das Mise en Place.

CURRYWURST IM GLAS

Die Currywurst hat Kultstatus. Das Geheimnis ihres Erfolges: Die fruchtig-scharfe Soße. Die Currywurst im Glas kann vorbereitet und jederzeit genossen werden

Für 5 Einkochgläser à 300 ml   3 Stunden

ZUTATEN

500 g	Wurst (z. B. Oberländer ohne Darm oder eine andere Bratwurst)
500 g	Tomaten
100 g	Zwiebeln
30 g	Honig
20 g	Essig
10 g	Currypulver
10 g	Currypaste, rot (Asialaden)
200 g	Tomatensaft
10 g	Worcestershiresauce
20 g	Tomatenmark
5 g	Maisstärke
6 g	Salz
20 ml	Rapsöl

Außerdem

Grillpfanne mit Rillen für den Herd oder Grill (Gas oder Kohle)

ZUBEREITUNG

1. Die Bratwurst leicht schräg in ca. 0,5 cm dicke Scheiben schneiden.
2. Grillpfanne oder Grill erhitzen. Die einzelnen Wurstscheiben von beiden Seiten ca. 1 Minute braten und mit einem schönen Grillmuster versehen. Anschließend auf einem Backblech abkühlen lassen.
3. Für die Currysoße Zwiebeln abziehen und fein würfeln. Tomaten abbrausen, trockenreiben und fein würfeln.
4. Rapsöl in einem Topf erhitzen. Zwiebeln darin glasig andünsten.
5. Currypaste und den Honig unterrühren und mitrösten.
6. Currypulver unter ständigem Rühren darüber streuen. Mit Worcestershiresauce, Tomatensaft (bis auf 50 ml) und Essig ablöschen.
7. Tomaten zugeben und weitere ca. 5 Minuten köcheln lassen.
8. Übrigen Tomatensaft mit Maisstärke verrühren. Tomatenmark und angerührte Stärke unterrühren. Erneut aufkochen lassen, mit Salz abschmecken und abkühlen lassen.
9. Für den Einkochvorgang die gebratenen Wurstscheiben in sterile Einmachgläser geben.
10. Die Soße bis ca. 3 cm unter dem Rand in die Gläser füllen.
11. Die Gläser verschließen und in einen Topf stellen. Den Topf oder Einkochapparat mit kaltem Wasser füllen. Anschließend die Currywurst im Glas bei 100 Grad 120 Minuten einkochen. Die Einkochzeit beginnt, wenn das Wasser im Topf kocht! Alternativ im Schnell- bzw. Dampfdrucktopf einkochen: 60 – 90 Minuten bei 120 Grad. Nach 24 Stunden den Einkochvorgang wiederholen. Die Currywurst im Glas ist kühl und dunkel gelagert etwa 6 Monate haltbar.

TIMOS TIPP

Wenn Sie die Wurstscheiben schön an die Seiten der Gläser legen, sieht das Ganze noch appetitlicher aus. Currypaste ist ziemlich scharf. Seien Sie bei der Dosierung vorsichtig.

BOLOGNESE MIT RINDFLEISCH

Unkompliziert, herrlich würzig und absolut mehrheitsfähig. Der italienische Klassiker passt zu Nudeln, ist aber auch unentbehrliche Zutat für Lasagne. Eine gute „Bolo" braucht Zeit, deshalb ist es eine gute Idee, gleich eine größere Menge zu kochen. Timo zeigt seine Variante für die Soße – frisch, einfach und unfassbar köstlich

Für 8 Einkochgläser à ca. 300 ml   80 Minuten

ZUTATEN

1,5 kg	Rindernacken (ideal in Bio-Qualität)
150 g	Zwiebeln
25 g	Knoblauch
100 g	Karotten
80 g	Knollensellerie
800 g	Strauchtomaten (oder Tomaten aus der Dose)
100 ml	Olivenöl
190 g	Tomatenmark
1,6 l	Rinderbrühe
100 g	Kartoffeln
2	Stiele Oregano
1 g	Pfeffer geschrotet, schwarz
3 – 5 g	Salz (abhängig von der Würze der Rinderbrühe)

ZUBEREITUNG

1. Das Rindfleisch abbrausen und trocken tupfen. Das Fleisch sehr fein schneiden oder durch einen Fleischwolf geben. Alternativ beim Metzger vorbereiten lassen.
2. Zwiebeln und Knoblauch abziehen und fein würfeln bzw. hacken.
3. Karotten und Sellerie schälen, abbrausen und mittelfein reiben.
4. Tomaten halbieren, den Strunk entfernen anschließend in kleine Stücke schneiden. Oregano abbrausen, trocken schütteln und grob zerzupfen.
5. Öl in einem großen Bräter erhitzen. Das Hackfleisch darin scharf anbraten, bis die Flüssigkeit jeweils verdampft ist.
6. Zwiebeln, Knoblauch, Karotten und Sellerie zugeben. Alles zusammen mit dem gesamten Hackfleisch ca. 8 Minuten köcheln lassen. Tomatenmark unterrühren, weitere ca. 3 Minuten garen.
7. Tomaten, Oregano sowie die Rinderbrühe zufügen und 30 – 45 Minuten (hängt davon ab, wie fein das Fleisch geschnitten wurde) köcheln lassen.
8. Zum Binden der Soße Kartoffeln schälen, abbrausen und sehr fein reiben. Kartoffeln und Oregano zur Bolognese geben und weitere ca. 15 Minuten sämig einköcheln lassen. Mit Salz und Pfeffer abschmecken und anschließend in sterile Gläser abfüllen.
9. Die Gläser im Dampfdrucktopf nach Anleitung im Video für 60 – 90 Minuten einkochen. Nach 24 Stunden den Einkochvorgang wiederholen. Danach abkühlen lassen und ab damit ins Vorratsregal. Die Bolognese ist ca. 6 Monate haltbar.

TIMOS TIPP

Sie müssen das Fleisch nicht durch den Fleischwolf drehen (lassen). Wenn Sie das Fleisch würfeln, haben Sie ein leckeres Rinderragout. Wenn Sie große Mengen Fleisch anbraten wollen, empfiehlt es sich, die Menge zu halbieren und die zweite Hälfte separat in einer Pfanne anzubraten. Danach in den Bräter umfüllen. Statt Rinderbrühe können Sie nach Geschmack auch Rotwein verwenden.

CLEVER

- Schmeckt wunderbar mit dem selbstgemachten Tomatenmark von S. 56.

CHILI CON CARNE

Scharfe Tex-Mex-Küche! Timo Böckle zeigt Ihnen ein tolles Rezept zu Chili con Carne im Glas. Mit verschiedenen Bohnen, Tomaten, Paprika und viel Chili

Für 8 Einkochgläser à 250 ml   mehr als 4 Stunden

ZUTATEN

150 g	Riesenbohnenkerne (auch Jumbobohnen), getrocknet
150 g	Mungbohnen, getrocknet
150 g	Bohnenkerne, getrocknet
150 g	Kidneybohnen, getrocknet
1 kg	Rindfleisch (z. B. vom Hals oder aus der Schulter)
5	Knoblauchzehen, ca. 35 g
3 – 4	Kolben Gemüsemais, frisch
120 ml	Sonnenblumen- oder Rapsöl
800 g	Fleischtomaten
200 g	Paprikaschoten (nach Belieben rot oder grün)
2	Chilischoten (Schärfe und Sorte nach Geschmack)
200 g	Zwiebeln, rot
4 Stiele	Oregano, frisch
0,5 TL	Pfeffer, schwarz, geschrotet
2 TL	Kreuzkümmel
	Salz
120 g	Tomatenmark
500 ml	Rinder- oder Gemüsebrühe

ZUBEREITUNG

1. Am Vorabend oder 2 – 3 Stunden vorher die Bohnen getrennt nach Sorten in reichlich kaltem Wasser einweichen.
2. Die Bohnenkerne abgießen, getrennt mit reichlich frischem Wasser bedeckt aufkochen und nach Packungsanleitung in ungesalzenem Wasser kochen. Dabei die auf der Verpackung angegebenen Kochzeiten der verschiedenen Sorten beachten! Jede Bohnensorte soll gegart, aber mit noch leichtem Biss gekocht werden.
3. Das Fleisch kalt abbrausen, trocken tupfen und in gleichmäßig große Würfel schneiden.
4. Knoblauch abziehen. Inzwischen den Mais abbrausen, trocken tupfen. Backpapier mit 20 ml Öl bestreichen. Die Kolben darin einwickeln und bei 800 Watt in der Mikrowelle 3 – 4 Minuten garen (alternativ die Maiskolben in leicht gesalzenem Wasser mit ca. 20 g Butter, ca. 1 Stunde garen). Herausnehmen und abkühlen lassen.
5. Tomaten waschen, entkernen und würfeln. Paprika und Chili putzen und entkernen. Zwiebeln abziehen und grob würfeln.
6. Chili, Knoblauch, Oregano, Pfeffer, Kreuzkümmel und Salz zusammen auf ein Brett geben und hacken.
7. Mais halbieren, die Körner vom Kolben schneiden.
8. Das übrige Öl in einem großen Topf oder Bräter erhitzen. Das Rindfleisch darin portionsweise (oder in einer separaten Pfanne) scharf anbraten. Anschließend alles zusammen in den Topf geben und bei mittlerer Hitze goldbraun braten.
9. Bohnen abgießen. Tomatenmark mit dem Fleisch verrühren und anrösten. Zwiebeln und Paprika zugeben und ebenfalls anbraten.
10. Hälfte der Rinderbrühe zugeben, ca. 30 Minuten köcheln lassen.
11. Bohnen, Tomaten, Mais, Chilimix und übrige Brühe zugeben, weiter köcheln lassen. Zuletzt mit Salz, etwas Tomatenmark oder Essig abschmecken.
12. Die Einmachgläser in kochendem Wasser sterilisieren.

13. Gläser aus dem heißen Wasser nehmen, mit dem warmen Chili con Carne bestücken (achten Sie darauf, dass genügend Flüssigkeit in jedem Glas ist). Die Gläser verschließen.

14. Die geschlossenen Gläser in einen Dampfdruck- oder Einkochtopf setzen. Den Boden vorher mit Holzspießchen, einem Küchentuch oder Gitter bedecken, damit die Gläser nicht auf dem Topfboden stehen. Dann die Gläser hineinstellen, ohne dass sie sich berühren.

15. Den Topf bis ca. 1 cm unter dem Glasrand mit warmem Wasser befüllen, verschließen und erhitzen. Die Temperatur im Inneren des Schnellkochtopfs sollte auf jeden Fall über 120 Grad liegen!

16. Die Gläser nach 40 – 60 Minuten Einkochzeit aus dem Drucktopf herausnehmen und langsam abkühlen lassen. Das Glas sollte jetzt fachgerecht verschlossen, der Inhalt für 12 Monate konserviert sein.

TIMOS TIPP

Die Garzeit in diesem Rezept ist für das Einmachen im Glas gedacht: 30 Minuten kochen, dann 40 – 60 Minuten konservieren. Wenn Sie das Chili gleich verzehren, müssen Sie es einfach für ca. 1 Stunde (je nach Größe der Fleischstücke) im Bräter leise köcheln lassen. Das Einweichen von Bohnen macht immer Sinn. Es spart Kochzeit und Strom.

CLEVER

- Probieren Sie doch mal Timos Tomatenmark (S. 56) in diesem Rezept!

WILDGULASCH

Für ein Gulasch werden Fleisch und Gewürze angebraten und schmoren langsam zu einer aromatischen Einheit. Ist es nicht toll, dieses grandiose Essen immer vorrätig zu haben? Timo zeigt, wie es geht

Für 6 Einkochgläser à ca. 250 ml   mehr als 4 Stunden

ZUTATEN

Für das Wildgewürz

3 g	Fichtennadeln (selbst gesammelt oder aus dem Internet)
50 g	Salz
5 g	Pfefferkörner, schwarz

Für das Gulasch

2 kg	Rehkeule (alternativ: Lamm, Schwein oder Rind)
250 g	Speck, durchwachsen
1 kg	Perlzwiebeln im Glas
4 g	Paprikapulver, edelsüß
15 g	Butterschmalz
4	Knoblauchzehen
10 g	Zitronenabrieb, alternativ Salzzitronen
1 Liter	Wasser oder (vegetarische) Grundsoße

ZUBEREITUNG

1. Für das Wildgewürz die Fichtennadeln vom Holz zupfen oder abschneiden. Nadeln, Salz und Pfefferkörner in einen Mörser (oder Mixer) geben und fein mahlen.
2. Für das Gulasch das Keulenfleisch von Sehnen und Häuten befreien. Die Fleischstücke in ca. 2 x 2 cm große Würfel schneiden.
3. Speck in grobe Würfel schneiden und in einem Bräter knusprig braten. Herausnehmen und beiseitestellen. Das ausgetretene Fett im Bräter lassen.
4. Butterschmalz zum Speckfett in den Bräter geben und erhitzen. Die Fleischwürfel in zwei Portionen scharf anbraten und mit dem Wildgewürz würzen. Beide Portionen zurück in den Bräter geben.
5. Knoblauch abziehen. Mit den Perlzwiebeln zum Fleisch geben. Mit Paprikapulver bestäuben und umrühren, dabei die knusprigen Speckwürfel zufügen.
6. Mit Wasser oder brauner Grundsoße auffüllen.
7. Das Gulasch mit Zitronenabrieb verfeinern und ca. 40 Minuten bei niedriger Hitze schmoren. Am Ende des Garvorgangs final mit dem Wildgewürz abschmecken.
8. Gulasch in abgekochte Gläser füllen. Die Gläser verschließen und in einen Dampfdrucktopf geben. Diesen mit warmem Wasser befüllen, verschließen und für 40 – 60 Minuten bei 120 Grad einkochen. Im Anschluss etwa 24 Stunden auf einem Küchentuch auskühlen lassen und am besten nach 24 Stunden erneut bei 120 Grad für 40 – 60 Minuten einkochen. Danach überprüfen, ob alle Gläser fest verschlossen sind. Eventuell die Klammern entfernen, Vakuum prüfen und im Küchenschrank verstauen. Kühl und dunkel gelagert hält sich die Soße ca. 3 – 6 Monate.

TIMOS TIPP

Sie können statt der Fichtennadeln auch Tannen- oder Douglasiennadeln verwenden. Achten Sie drauf, die Nadeln nicht mitzuessen, sondern vor dem Einsatz des Salzes dieses durchzusieben. Auch beim Fleisch können Sie variieren. Versuchen Sie das Rezept doch auch mal mit Rindfleisch.

CLEVER

- Passt zum Knödel- und Grundsoßen-Rezept.

WILDSCHWEINBRATEN IM GLAS

Wild und lecker: Zugegeben, so ein Wildschweinbraten ist nichts Alltägliches. Dafür ist das Einkochen eine tolle Möglichkeit, den Braten lange haltbar zu machen und Sie haben ein echtes Highlight im Vorratsschrank! Ganz schön praktisch, wenn's mal schnell gehen muss und Sie trotzdem beeindrucken wollen ...
Ach ja: Das Rezept funktioniert natürlich auch mit ganz normalem Schweinefleisch

Für 4 Einkochgläser à ca. 250 ml — mehr als 4 Stunden

ZUTATEN

800 g	Wildschweinkeule, ohne Knochen
120 g	Knollensellerie
100 g	Petersilienwurzel
100 g	Möhren
3	Zwiebeln, rot
1	Knoblauchknolle (oder 3 – 4 Zehen)
9 EL	Rapsöl
4	Speckscheiben, durchwachsen, hauchdünn
etwas	Salz
etwas	Pfeffer, schwarz
3 EL	Tomatenmark
500 ml	Rotwein
500 ml	roter Johannisbeersaft

ZUBEREITUNG

1. Von der Wildschweinkeule die eventuell noch aufliegende Schwarte entfernen. Fleisch trocken tupfen und die Keule in vier gleichmäßige Teile zerlegen. Die Stücke sollten gut in Ihre Einmachgläser passen. Jedes Stück ca. ein Drittel größer als das Glas (beim Einkochen „schrumpft" das Fleisch).
2. Sellerie, Petersilienwurzel und Möhren putzen, nach Bedarf schälen und klein schneiden. Zwiebeln und Knoblauch abziehen und klein schneiden.
3. Rapsöl in einem Bräter erhitzen, die Keulenstücke und Speck darin bei starker Hitze unter Wenden von allen Seiten kräftig anbraten. Mit Salz und Pfeffer würzen.
4. Fleisch und Speck aus dem Bräter nehmen, das Wurzelgemüse nach und nach im heißen Bratfett anrösten. Sobald das Gemüse dunkelbraun geröstet ist, Zwiebeln und Knoblauch zugeben und mit anrösten. Nach 3 – 4 Minuten das Tomatenmark einrühren und alles unter ständigem Rühren weiter rösten. Speck zugeben und mitrösten.
5. Den Backofen auf 100 Grad Ober- und Unterhitze vorheizen. Den Soßenansatz zunächst mit Wein ablöschen, einkochen lassen. Dann den Saft angießen.
6. Angebratene Keulenstücke mit Salz und Pfeffer würzen, in den Schmorsud einlegen, sodass das Fleisch vollständig mit Flüssigkeit bedeckt ist. Nochmals aufkochen. Den Wildschweinbraten zugedeckt im heißen Backofen oder auf dem Herd ca. 1,5 Stunden schmoren lassen.

7. Die Bratenstücke mit einem Kerntemperatur-Messer prüfen. Sobald sie 70 Grad erreicht haben, sind sie fertig geschmort. Das Fleisch aus dem Schmorfond heben und beiseitestellen. Den Schmorfond durch ein Sieb geben und den Fond dabei auffangen.
8. Die Einmachgläser inklusive Dichtungsgummis und Deckel gründlich reinigen, mit klarem Wasser spülen und abkochen. Die Gläser aus dem heißen Wasser nehmen, umgedreht auf einem sauberen Geschirrtuch abtropfen lassen.
9. Den warmen Braten in die Gläser verteilen. Mit dem Fond auffüllen, sodass die Flüssigkeit bis etwa 1 cm unter dem Glasrand steht. Gummiringe und Glasdeckel aufsetzen, die Deckel zusätzlich mit Spannklammern fixieren.
10. Ein hitzebeständiges Abstandsgitter oder mehrere Zahnstocher in einen großen Schnell- oder Einkochtopf einlegen. Die Gläser daraufsetzen. Warmes Wasser angießen, sodass die Gläser bis etwa 1 cm unter dem Rand im Wasser stehen. Den Topf verschließen und erhitzen. Die Gläser bei 120 Grad ca. 60 – 90 Minuten einkochen.
11. Gläser auf eine Arbeitsplatte oder ein Holzbrett stellen und bei Zimmertemperatur auskühlen lassen.
12. Zum Lagern die Klammern von den Deckeln entfernen. Den Sitz der Deckel prüfen: Das Glas ist richtig eingekocht, wenn die Deckel fest aufsitzen. So hält sich das Eingekochte, dunkel und kühl gelagert, mehrere Monate.

TIMOS TIPP

Das beste Ergebnis beim Einmachen von Wild erzielen Sie, wenn das Fleisch ganz frisch vom Jäger bzw. aus einem heimischen Jagdrevier kommt. Wo Sie Wild aus der Region beziehen können, erfahren Sie über örtliche Kreisjägervereinigungen, Forstbetriebe oder das zuständige Landratsamt.

CLEVER

► Nutzen Sie das Tomatenmark auf S. 56!

GÄNSE-RILLETTES

Aus den Bratenresten eines Gänsebratens können Sie Rillettes zubereiten. Dabei handelt es sich um einen klassisch französischen Brotaufstrich, der sich wunderbar einkochen lässt

Für 10 Einkochgläser à 150 ml | 1 Stunde

ZUTATEN

500 g	Gänsefleisch, gegart
2	Knoblauchzehen
1 TL	Salz
150 g	Zwiebeln, confiert (z. B. übrige Zwiebeln vom Orangenfond auf S. 82)
etwas	Pfeffer
400 g	Gänseschmalz (z. B. Orangen-Gänseschmalz vom Orangenfond auf S. 82)

ZUBEREITUNG

1. Das Gänsefleisch von der Karkasse zupfen oder mit einem Messer ablösen. Das Fleisch in feine Streifen schneiden. Den Knoblauch schälen und mit Salz (im Mörser) zu einer feinen Paste zerdrücken. Die Zwiebeln in feine Streifen schneiden oder hacken. Alle Zutaten mit den Gewürzen vermengen und in einer Schüssel kaltstellen.
2. Das Gänseschmalz mit der Fleisch-Zwiebelmischung gut vermengen. Mit Pfeffer und Salz abschmecken und in abgekochte Einmachgläser füllen, dabei ca. 1 cm Luft zum Rand lassen. Das Rillette mit einem Löffel etwas zusammendrücken, sodass keine Luft eingeschlossen wird.
3. Gläserränder nach dem Befüllen gegebenenfalls säubern, fest verschließen. Anschließend in einen Dampfdrucktopf mit Bodengitter geben. 1 Liter kaltes Wasser einfüllen und die Gläser bei 120 Grad für 30 Minuten einkochen. Nach 24 Stunden wiederholen.

CLEVER

- Verwerten Sie hier die Überreste Ihrer Gans von S. 82.
- Schmeckt sehr gut auf Baguette.

SCHOKOLADENCREME
MIT GEBRANNTEN MANDELN

Schokoladencreme gehört zu den beliebtesten Brotaufstrichen. Timo zeigt, wie Schokocreme ganz einfach zubereitet werden kann und außerdem noch besser schmeckt als jede gekaufte Variante

Für 6 Einkochgläser à 100 ml   90 Minuten

ZUTATEN

Für die gebrannten Mandeln

150 g Mandeln (alternativ Hasel- oder Macadamianüsse)
50 g Zucker
25 ml Wasser
0,3 TL Zimt
0,5 TL Vanillemark (oder Vanillearoma)

Für die Schokoladencreme

400 g (vegane) Schokolade (70% Kakaoanteil)
80 g Nussöl (alternativ Rapsöl)

ZUBEREITUNG

1. Die ganzen Nüsse zusammen mit dem Zucker und dem Wasser in eine beschichtete Pfanne geben.
2. Die Mischung mit einem Holzkochlöffel verrühren, den Herd auf mittlere Hitze einschalten. Die Nüsse so lange in der Pfanne erhitzen, bis die Flüssigkeit fast verdunstet ist und sich eine Art dicker Zuckersirup um die Nüsse gelegt hat.
3. Sobald der Zucker in der Pfanne beginnt, weiß zu werden und sich am Boden festsetzt, muss kräftig und andauernd mit dem Holzkochlöffel in der Pfanne gerührt werden. Dabei die Hitze bei Bedarf immer wieder erhöhen.
4. Anschließend wird der Zucker unter ständigem Rühren erneut flüssig und karamellisiert an den Mandeln. So wird sichergestellt, dass die Mandeln nicht zusammenkleben.
5. Den Herd ausschalten und ein paar wenige Tropfen Wasser zu den Nüssen geben, um sie abzukühlen.
6. Jetzt Vanillemark und Zimt über die noch warmen Nüsse geben und so lange rühren, bis beides an der Oberfläche der Nüsse anhaftet. Etwa 12 Stück der gebrannten Mandeln für die Deko beiseitelegen.
7. Die Schokolade in einem Wasserbad langsam schmelzen.
8. Die übrigen gebrannten Mandeln in einem Küchenmixer zerkleinern.
9. Öl zur Mischung dazugeben und zu einer cremigen feinen Paste weiter mixen.
10. Anschließend die geschmolzene Schokolade etwas abkühlen lassen und vorsichtig mit der Mandelpaste vermengen.
11. Die warme Schokocreme in abgekochte Einmachgläser füllen, mit den restlichen Mandeln dekorieren und umgehend verschließen. Die Schokocreme sollte Sie im Kühlschrank aufbewahren und kurz vor

Gebrauch herausnehmen. Dann ist sie bei der Verwendung wunderbar streichzart. Die Haltbarkeit beträgt bei korrekter Zubereitung und Lagerung ca. 6 Wochen!

TIMOS TIPP

Wenn es beim Brennen der Mandeln ein wenig länger dauert, dann ist das überhaupt kein Problem. Auf jeden Fall besser, als mit zu hoher Hitze zu arbeiten und damit das Risiko einzugehen, dass der Zucker verbrennt und die Nüsse nicht mehr verwendet werden können.
Diese Schokoladencreme eignet sich hervorragend, um übrige Schokohasen oder Weihnachtsmänner aus Schokolade zu verarbeiten! Bei der Verwendung von Schokolade mit einem niedrigeren Kakaoanteil kann die Menge an Öl nach unten korrigiert werden!

REZEPTE FÜR EINKOCH-PROFIS

SCHMECKT NICHT, GIBTS NICHT!

Ein bisschen kniffliger und aufwendiger, aber unbedingt lohnend! Timos Anleitungen und Videos helfen Ihnen, auch diese Rezepte zu meistern

KOCH EIN!

GRUNDSOSSE AUS FLEISCH

Manchmal gibt der Bratenfond einfach nicht viel her. Die Lösung: Grundsoße auf Vorrat zubereiten! So ist eine delikate Soße immer griffbereit, die je nach Bedarf entsprechend verfeinert werden kann

Für 4 Flaschen à 250 ml — 90 Minuten

ZUTATEN

- 1 kg Soßenknochen vom Rind (funktioniert auch hervorragend mit Kalb, Schwein oder Wildknochen)
- 200 g Zwiebeln, rot
- 140 g Speckscheiben, durchwachsen, hauchdünn
- 120 g Knollensellerie
- 100 g Petersilienwurzel
- 100 g Karotten
- 4 Knoblauchzehen
- 30 g Butterschmalz
- 60 g Tomatenmark
- 10 g Zucker
- 15 g Salz
- 2 g Pfeffer, schwarz
- 1 Lorbeerblatt
- 4 g Wacholderbeeren
- 1 l Rotwein, z. B. Dornfelder (für Wild: roter Traubensaft oder Johannisbeernektar)
- 1 l Wasser

ZUBEREITUNG

1. Soßenknochen kalt abbrausen und trockentupfen
2. Zwiebeln, Knollensellerie, Petersilienwurzel und Sellerie putzen bzw. schälen und in gleichmäßig walnussgroße Stücke schneiden.
3. Den Knoblauch abziehen, die einzelnen Zehen als Ganzes zum Gemüse geben.
4. Den Boden eines Bräters mit den Speckscheiben auslegen.
5. Das gemischte Gemüse auf dem Speck verteilen. Anschließend das ganze Gemüse mit den bereits geschnittenen Knochen komplett abdecken.
6. Die Knochen mit Butterschmalz bestreichen oder beträufeln.
7. Backofen auf 190 Grad Umluft vorheizen.
8. Den Bräter für 20 Minuten ohne Deckel in den Backofen schieben.
9. Sind die Knochen an der Oberfläche ausreichend geröstet und haben eine schöne dunkelbraune Farbe angenommen, den Bräter aus dem Ofen nehmen.
10. Jetzt das Tomatenmark über den gerösteten Knochen verteilen. Den Zucker ebenso gleichmäßig verteilen.
11. Den Bräter ohne Deckel erneut bei 190 Grad für 10 Minuten in den Ofen schieben.
12. Anschließend den Soßenansatz mit Rotwein und Wasser auffüllen, alle Gewürze zugeben und den Bräter mit dem passenden Deckel versehen. Ebenfalls bei 190 Grad Umluft mit Deckel für 60 Minuten im Ofen lassen.
13. Herausnehmen und den Fond abgießen.
14. Die Flaschen oder Gläser und die Deckel vorher abkochen. Die Soße bei 100 Grad für 60 – 120 Minuten im Einkochtopf einkochen. Im Anschluss etwa 24 Stunden auf einem Küchentuch auskühlen lassen

und am besten nach 24 Stunden erneut bei 100 Grad für 60 Minuten einkochen. Danach überprüfen, ob alle Gläser fest verschlossen sind. Kühl und dunkel gelagert hält sich die Soße ca. 3 – 6 Monate.
ACHTUNG: Bitte keine Soßenbinder oder Mehl zum Binden der Soße verwenden. Erst binden, wenn die Flasche geöffnet wird und Sie Ihre Soße verwenden möchten.

TIMOS TIPP

Je nach Ofenhersteller bzw. Umluftfunktion kann sich die Röstzeit unter Umständen verlängern. Wenn Ihr Ansatz im Bräter nicht ausreichend Farbe angenommen hat, verlängern Sie einfach die Röstzeit. Die Temperatur bleibt vom Anfang bis zum Ende immer bei 190 Grad Umluft! Je nach Fassungsvermögen Ihres Bräters können Sie gleich eine doppelte oder dreifache Menge herstellen. Das spart Energie!

KOCHSCHINKEN
VOM HEIMISCHEN WILDSCHWEIN

Heimisches Wildfleisch zum Selbstverarbeiten? Was gibt es Schöneres für Fleischliebhaber und Naturverbundene? Timo Böckle zeigt Ihnen, wie Sie Ihren eigenen Schinken herstellen können

Für ca. 4 – 6 Personen 120 Minuten

ZUTATEN

1 kg Wildschweinkeule ohne Knochen (Nuss)
100 g Pökelsalz (Herstellerangaben beim Umgang mit Pökelsalz beachten)
20 g Douglasiennadeln
30 Wacholderbeeren
15 Bärlauchblätter
10 Pfefferkörner, schwarz

Außerdem
Mullbinden, breit, aus der Apotheke

ZUBEREITUNG

1. Das Teilstück der Wildschweinkeule – die Nuss – von Sehnen befreien, abbrausen und trocken tupfen.
2. Pökelsalz und 1 Liter Wasser in einer Schüssel verrühren.
3. Die Douglasiennadeln, Wacholderbeeren, Bärlauchblätter und den Pfeffer in einem Mörser nur kurz, grob mörsern. Die Gewürze nicht vollständig vermahlen, es geht nur um die Verteilung der Aromen.
4. Die Gewürze anschließend mit dem Wildschweinnüssle in die Pökellake geben und 48 Stunden marinieren.
5. Das Keulenfleisch danach aus der Pökellake nehmen, abtropfen lassen, abbrausen und mit Küchenpapier trocken tupfen.
6. Die Gewürze und Kräuter aus der Lake in einem Sieb auffangen, die Salzlake wird nicht mehr benötigt.
7. Mit einer Mullbinde die Schinkenstücke umwickeln, um diese in Form zu bringen, die Mullbinde zum Ende hin fest verbinden.
8. Einen Topf mit Wasser erhitzen, das Wasser mit Kochsalz abschmecken, die Gewürze (aus der Lake) hinzufügen.
9. Die Keulenstücke bei schwacher Hitze für ca. 1 Stunde (hängt von der Größe des Keulenstücks ab) oder bis zu einer Kerntemperatur von 75 Grad köcheln lassen.
10. Die Keule aus dem Kochwasser nehmen und für eine Nacht im Kühlschrank abkühlen lassen. Anschließend kann Ihr erster selbst gemachter Kochschinken vom Wildschwein nach Belieben aufgeschnitten und serviert werden. Lagern Sie den Schinken luftdicht verpackt bei 2 bis 4 Grad im Kühlschrank. So ist er bei korrekter Herstellung ca. 1 Woche haltbar.

FLEISCHKÄSE IM GLAS

Warmer Fleischkäse im Brötchen mit Senf ist ein beliebtes Fastfood für jede Tages- und Nachtzeit. Im Glas ist er immer griffbereit!

Für 8 Einkochgläser à ca. 300 ml | 3 Stunden

ZUTATEN

2 g	Korianderkörner
3 g	Macis (Muskatblüte)
1,5 g	Backpulver
32 g	Salz
1700 g	Hackfleisch, gemischt (Rind und Schwein; Backenfleisch, Nacken und Schulter – auf keinen Fall zu mager)
300 g	weißer Bauchspeck vom Schwein
240 g	Eiswürfel
3 g	Pfeffer, schwarz (grob gemahlen)

ZUBEREITUNG

1. Korianderkörner, Macis, Backpulver und Salz mischen und gegebenenfalls fein mörsern.
2. Vom Hackfleisch 250 Gramm separat im Kühlschrank zwischenlagern. Das übrige Hackfleisch sowie den Bauchspeck zusammen mit der Gewürzmischung und dem Eis in einer Küchenmaschine (mit Flügelmesser) zu einer glatten Masse (Brät) verarbeiten.
3. Das Brät in eine Schüssel geben. Pfeffer und die 250 Gramm Hackfleisch mit einem Küchenspatel oder von Hand unter das Brät mischen.
4. Backofen auf 130 Grad Umluft vorheizen. Die Brätmasse zügig in Einmachgläser (bis 3 – 4 cm unter dem Rand) befüllen, die Oberfläche mit einem nassen Teelöffel glatt streichen. Den Fleischkäse ohne Deckel ca. 30 Minuten backen. Dann die Temperatur auf 160 Grad erhöhen und weitere 5 Minuten backen, damit der Fleischkäse eine schöne goldbraune Farbe bekommt.
5. Einkochvorgang: Den gebackenen Fleischkäse aus den Gläsern stürzen und in sterilisierte Einmachgläser mit Deckel umfüllen und verschließen. Einen Dampfdrucktopf mit Abstandshaltern (z. B. Zahnstocher) versehen. Die warmen Gläser in den Topf stellen, diese mit warmem Wasser auffüllen (bis ca. 2 cm unter dem Deckelrand der Gläser). Den Fleischkäse bei 120 Grad ca. 60 – 90 Minuten im Dampfdrucktopf einkochen.
6. Anschließend die Gläser herausnehmen und auf einem Küchentuch 24 Stunden auskühlen lassen. Danach überprüfen, ob alle Gläser fest verschlossen sind. Kühl und dunkel gelagert hält sich der Fleischkäse ca. 3 – 6 Monate.

CLEVER

► Verfeinern Sie Ihren Leberkäse doch mal mit Röstzwiebeln oder Chili!

TIMOS TIPP

Ein kleiner Kanal im befüllten Glas (z. B. mittels der Rückseite eines Kochlöffels erzeugt) verhindert, dass der Fleischkäse aus dem Glas rausbäckt.

GÄNSEBRATEN MIT ORANGENGLASUR

8 Portionen · 4 Stunden

ZUTATEN

3 l	Orangensaft
9 l	Wasser
800 g	Zwiebeln
120 g	Salz
1	Zimtstange
1 EL	Pfeffer, bunt
5 kg	(Freiland-)Gans, küchenfertig

Zum Glasieren

100 g	Orangenmarmelade

ZUBEREITUNG

1. Den Orangensaft mit dem Wasser in einen großen Topf oder Einkochtopf geben. Die Zwiebeln schälen und grob klein schneiden. Mit dem Salz, der Zimtstange und dem Pfeffer in den Topf geben.

2. Die Gans trocken tupfen und die Flügel entfernen. Den Bürzel abschneiden. Die Flügel mit dem Gänsehals ins Innere geben, nach Belieben die Gans mit einem Metallspieß verschließen. Anschließend in den kalten Orangenfond legen, aufkochen und ca. 1 Stunde bei mittlerer Hitze köcheln lassen.

3. Den Backofen auf 120 Grad Heißluft vorheizen. Dann die Gans aus dem Fond nehmen und mit der Brustseite nach oben auf ein Backofengitter legen. Ein tiefes Blech unter das Gitter legen und ca. 3 cm hoch mit heißem Orangenfond füllen.

4. Die Gans mitsamt dem Backblech in den Ofen geben und darin 2 – 3 Stunden knusprig braten. Anschließend die Orangenmarmelade verrühren. Die Gans aus dem Backofen nehmen und sofort mit der Marmelade bestreichen.

5. Zum Servieren das Fleisch nach Belieben noch etwas mit Salz und Pfeffer würzen. Dann tranchieren und anrichten.

TIMOS TIPP

Für eine gleichmäßige Bräunung die Gans längs zum Ofenlüfter stellen. Falls das aufgrund der Größe nicht möglich ist, nach einer Stunde um 180 Grad drehen. Ob die Gans wirklich gar ist, erkennen Sie am besten am Keulenansatz (Knochen). Wenn das Fleisch an dieser Stelle schön weich ist, sollte der Rest auch fertig sein! Das restliche Orangen-Gänseschmalz können Sie als leckeren Brotaufstrich oder als Bratfett verwenden! Die gekochten Zwiebeln und den vom Fond abgeschöpften Orangen-Gänseschmalz beiseitestellen und z. B. für Rillettes (S. 70) verwenden.

CLEVER

► Wie Sie Ihre Gans perfekt vorbereiten, verschließen und am Ende tranchieren, erfahren Sie im Video.

GETRÄNKE

ERGÄNZUNG ZU JEDEM ESSEN

Begleitgetränk gesucht? Timo Böckle hat schmackhafte Ideen für Sie!

NATURTRÜBES BIER BRAUEN

Hauseigenes Bier? Das geht! Es schmeckt nicht nur, sondern beeindruckt auch!

Für 10 Bügelflaschen à 0,5 l   4 Stunden

ZUTATEN

3,6 l	Wasser
900 g	Pilsner Malz
6 g	Hallertauer Mittelfrüh 1. Hopfengabe
3 g	Hallertauer Mittelfrüh 2. Hopfengabe
3 g	untergärige Trockenhefe
35 ml	abgekochtes Wasser

ZUBEREITUNG

Vorab: Das sogenannte Schüttungsverhältnis des Biers liegt bei einem Teil Schrot und vier Teilen Wasser.

1. Einen Topf mit der vorgegebenen Menge Wasser auf 65 Grad erhitzen. Jetzt das Malzschrot zum Wasser geben, ca. 30 Minuten ständig mit einem Holzkochlöffel rühren. Dabei muss die Temperatur der Flüssigkeit im Topf immer bei 63 Grad gehalten werden.

2. Die Temperatur nun ein wenig erhöhen. Unter ständigem Rühren muss eine Temperatur von 72 Grad für weitere 30 Minuten gehalten werden.

3. Anschließend erneut auf 78 Grad erhitzen. Dann durch ein sehr feines Sieb, besser durch ein Leinentuch, passieren (abmaischen). Langsam abtropfen lassen, bis nur noch der trockene Treber im Sieb zurückbleibt.

4. Nach diesem Vorgang (dem sogenannten Abläuten) die verbliebene Flüssigkeit wieder mit Wasser auf 5 Liter auffüllen.

5. Die Flüssigkeit in einem neuen Topf zum Kochen bringen, es folgt die 1. Hopfengabe, exakt 5 Minuten nach Kochbeginn! Hinweis: Im Video können Sie diesen Vorgang sehr gut nachverfolgen.

6. Mit dem ersten Hopfen für 60 Minuten köcheln und 5 Minuten vor dem Kochende den übrigen Hopfen dazugeben (2. Hopfengabe).

7. Den Holzkochlöffel auf den Küchentisch legen – den Topf auf einer Seite auf den Löffelstiel stellen. Durch die Schräglage setzen sich Eiweiß und andere Feststoffe am Topfboden ab.

8. Die klare Flüssigkeit langsam durch ein Haarsieb in sterile Einmachgläser füllen. Die befüllten Gläser auf ca. 10 Grad abkühlen lassen. Die Trockenhefe ins abgekochte und abgekühlte Wasser geben. Die Temperatur von Hefe und Flüssigkeit (Würze) muss gleich sein! Hefeflüssigkeit zur Würze in die Gläser geben (gleiche Temperatur), ca. 2 Wochen abgedeckt im verschlossenen Einmachglas (ohne Gummi)

an einem kühlen und dunklen Ort stehen lassen. Das fertige Bier entsteht erst nach der Gärung.

Achtung: Als Haus- und Hobbybrauer dürfen Sie in Ihrem Haushalt bis zu einer Menge von zwei Hektolitern im Kalenderjahr Ihr Bier selbst brauen, ohne dass Sie hierfür Biersteuer bezahlen müssen. Dabei müssen Sie beachten, dass Sie das Bier ausschließlich für Ihren eigenen Verbrauch herstellen und nicht verkaufen dürfen. Gleiches gilt, wenn Sie Ihr Bier in nicht gewerblichen Gemeindebrauhäusern herstellen. Bevor Sie mit dem Brauen Ihres Bieres beginnen, müssen Sie dem zuständigen Hauptzollamt den Beginn der Herstellung, den Herstellungsort und die voraussichtliche Menge an Bier, die im Kalenderjahr von Ihnen erzeugt werden soll, formlos mitteilen. Bitte geben Sie in dieser Anzeige auch Ihre vollständige Wohnanschrift, Ihr Geburtsdatum und eine Telefonnummer oder eine E-Mail-Adresse an.

TIMOS TIPP

Hopfen und Malz erstehen Sie online. Hier haben Sie eine große Auswahl an Sorten, mit denen Sie experimentieren können.

TIMOS WALD & WIESEN-COCKTAIL

Ein etwas anderer Cocktail, den Sie mit und ohne Alkohol servieren können. Für besondere Happy Hours

Für 1 l   20 Minuten

ZUTATEN

700 ml Mineralwasser
130 ml Waldmeistersirup
40 ml Fichtenspitzensirup
140 ml Zitronensaft
40 g Honig

Sonstiges

Pflückfrische Fichtenspitzen (alternativ Nadeln)
Pflückfrische Melissenblätter (alternativ Minze)
Pflückfrische Rosmarinblüten (alternativ Nadeln)
Eiswürfel

ZUBEREITUNG

1. Die flüssigen Bestandteile in einen Cocktailmixer geben und mit ein paar Eiswürfeln kräftig mixen. Cocktailgläser mit den Fichtenspitzen, den Melissenblättern und dem Rosmarin ganz nach Ihren Wünschen befüllen. Die Kräuter im Glas mit einem Stößel anklopfen, um deren vollen Geschmack freizusetzen. Etwas Eis ins Glas geben, mit dem gemixten Cocktail aufgießen und umgehend servieren.

TIMOS TIPP

Falls Sie den Cocktail alkoholisch genießen möchten, empfehle ich Ihnen, diesen mit einem guten Gin aufzufüllen. Je nach Gusto pro Cocktailglas mit 2 – 4 cl pro Gast.

SIRUP AUS HOLUNDER

Holunderblütensirup schmeckt mit Sprudelwasser aufgegossen oder in Cocktails herrlich. Sie müssen ihn nicht kaufen, sondern können ihn ganz einfach selbst herstellen

Für ca. 2 l   30 Minuten plus 5 Tage

ZUTATEN

- 60 Holunderblütenzweige
- 2,5 l Wasser
- 3 kg Bio Rübenzucker
- 6 Limetten (nicht gespritzt)

ZUBEREITUNG

Hinweis: Bei der Auswahl der Holunderblüten auf deren Standort achten. Auf Blüten direkt an einer Hauptverkehrsstraße verzichten. Die Holunderblüten trocken abschütteln und auf Insekten absuchen.

1. Zwei der Limetten abreiben, den Abrieb auf Einmachgläser verteilen. Anschließend die übrigen Limetten schälen und halbieren. Die halben Limetten zusammen mit den ganzen Holunderblüten ebenfalls auf die Gläser verteilen – gerne ein wenig stopfen –, es darf ruhig etwas enger zugehen im Glas! Einen Topf mit Wasser erhitzen, den Zucker im kochenden Wasser auflösen. Die Flüssigkeit darf dabei auf bis zu 2 Liter reduziert werden. Anschließend das Zuckerwasser auf ca. 50 Grad abkühlen lassen.
2. Die Gläser mit der warmen Flüssigkeit aufgießen, die Gläser direkt verschließen und an einem kühlen und dunklen Ort für ca. 5 Tage stehen lassen. Zwischendurch die Gläser gut schütteln und wieder ins Regal stellen. Abschließend den Holundersirup durch ein feines Sieb lassen und so die festen Bestandteile absondern.
3. Der klare und wohlschmeckende Sirup kann in Flaschen abgefüllt und zur späteren Verwendung kühl und dunkel in geeigneten Kellerräumen gelagert werden.

mit Liebe gemacht

BIRNENMUS
MIT SAUERKIRSCHEN
BIRNENMUS
MIT SAUERKIRSCHEN
fruchtig
Apfelmus
eingekocht am:
Apfelmus
eingekocht am:
fruchtig
eingekocht am:
Apfelmus
eingekocht am:
Apfelmus
eingekocht am:
eingekocht am:
BIRNENMUS
MIT SAUERKIRSCHEN
BIRNENMUS
MIT SAUERKIRSCHEN

WERDEN SIE KREATIV!

Einkochgut eignet sich nicht nur zum Selbstverzehren. Auch als Geschenk sind die schmackhaft gefüllten Gläser ein Augen- und Gaumenschmaus! Selbstgemachtes ist nicht nur kostengünstiger, sondern auch viel persönlicher als ein gekauftes Mitbringsel – und meist noch umweltfreundlich! Doch auch der Dekoration Ihrer Wohnräume dienen clever verzierte und umfunktionierte Gläser ...

Hier zeigen wir Ihnen, was Sie optisch aus den Gläsern rausholen können!

SNACKGEWÜRZ

Für 1 Glas à 100 ml   15 Minuten

Das Gewürz eignet sich zum Würzen von herzhaften Snacks wie Kartoffelchips, Gemüsechips, Crackern sowie Dips

ZUTATEN

80 g	Meersalz
2 EL	Rohrzucker, braun
1 EL	Pfefferkörner, bunt
0,25 TL	Kreuzkümmel, gemahlen
0,25 TL	Knoblauch, gemahlen

Außerdem

Mörser

ZUBEREITUNG

1. Meersalz mit Zucker, bunten Pfefferkörnern, Kreuzkümmel und Knoblauch in den Mörser geben. Alles zu einem feinen Gewürz zermahlen.
2. Die Mischung in ein Glas füllen und fest verschließen. Trocken, dunkel und luftdicht lagern.

CLEVER

- Kombinieren Sie das Gewürz zu den Koch ein Gemüsecrackern (S. 32)!

ERDBEER-KONFITÜRE
eingekocht am:

ERDBEER-KONFITÜRE
eingekocht am:

mit Vanille

mit Vanille

ERDBEER-KONFITÜRE
eingekocht am:

ERDBEER-KONFITÜRE
eingekocht am:

HIMBEER-FRUCHT-AUFSTRICH

HIMBEER-FRUCHT-AUFSTRICH

HIMBEER-FRUCHT-AUFSTRICH

HIMBEER-FRUCHT-AUFSTRICH

Johannisbeer-gelee

Johannisbeer-gelee

Johannisbeer-gelee

Johannisbeer-gelee

ZITRONEN UND ORANGEN, IN SALZ EINGELEGT

Für 2 Einkochgläser à ca. 500 ml

30 Minuten plus mindestens etwa 3 Wochen Warte- / Fermentierzeit

ZUTATEN

- 2 Bio-Zitronen
- 2 Bio-Orangen, klein
- 4 – 5 EL Salz, mittelgrob
- 2 Lorbeerblätter
- 4 Pimentkörner

ZUBEREITUNG

1. Gläser mit Bügelverschluss und Gummiringen oder Gläser mit Twist-Off-Deckeln abkochen.
2. Zitronen und Orangen mit heißem Wasser sorgfältig waschen und dann trocken reiben. 1 Zitrone halbieren, davon 1 Hälfte auspressen. Übrige Zitronen und Orangen in etwa 3 cm große Würfel schneiden (siehe auch Timos Tipp). Dabei eventuell im Fruchtfleisch enthaltene Kerne entfernen.
3. Zitronenwürfel, je gut 2 EL Salz und nach Belieben Lorbeer und Piment nach und nach in die vorbereiteten Gläser einschichten. Je die Hälfte Zitronensaft überträufeln. Mit kochendem Wasser komplett auffüllen und fest verschließen.
4. Die Zitronenstücke vor der Verwendung mindestens 3 Wochen ziehen lassen. Dabei verändern sich Geschmack und Konsistenz der Zitronen, sodass diese mildsäuerlich würzig schmecken. Geschlossen, dunkel und kühl gelagert etwa 1 Jahr haltbar. Verwendet wird die weich gewordene Schale zum Aromatisieren von Geflügelgerichten, Lachs, Bulgur, Pastarezepten, Salaten, etc. Nach Anbruch zügig verbrauchen!

TIMOS TIPP

Die Zitronen können auch im Ganzen eingelegt werden. Dazu Früchte in Vierteln tief ein-, aber nicht durchschneiden. Das Salz in die Einschnitte verteilen und tief in das Fruchtfleisch eindrücken. Zitronen dann in die Gläser füllen, mit Zitronensaft und kochendem Wasser auffüllen. Ganze Zitronen mindestens 6 – 8 Wochen reifen lassen.

Lecker!

FEIGEN-
FRUCHTGUMMI

Lecker!

FEIGEN-
FRUCHTGUMMI

mit Vanille

mit Vanille

Lecker!

FEIGEN-
FRUCHTGUMMI

Lecker!

FEIGEN-
FRUCHTGUMMI

APRIKOSEN-
FRUCHTGUMMI

APRIKOSEN-
FRUCHTGUMMI

APRIKOSEN-
FRUCHTGUMMI

APRIKOSEN-
FRUCHTGUMMI

Spannen Sie eine **hübsche Serviette** oder ein Stofftuch über den Deckel. Befestigen Sie ihn mit einer Kordel, an die sie ein selbstgestaltetes und beschriftetes Etikett hängen. Zuknoten und fertig ist das personalisierte Geschenk!

Kennen Sie **selbstklebende Kreidetafeln**? Sie lassen sich individuell zuschneiden und mit Kreidestiften bemalen und beschriften. Informieren Sie hier über Inhalt und Haltbarkeit des Produktes.

Schokoladen-
Creme

Schokoladen-
Creme

Süß!

Streuobst-
kuchen

Streuobst-
kuchen

Süß!

Streuobst-
kuchen

Streuobst-
kuchen

Schokoladen-
Creme

Schokoladen-
Creme

Schauen Sie sich im Internet oder Kreativladen um. Hier warten unzählige Bänder verschiedener Breiten, Musterungen und Materialien auf Sie. Befestigen Sie die **Bänder** entweder um den Glasrand oder mit Heißkleber um den Glaskörper. Super easy! Natürlich können Sie solche Glasummantelungen auch selbst **häkeln**!

Do-it-yourself-Gebäck: Verschenken Sie Gebäck – ungebacken. Befüllen Sie schichtweise ein Einkochglas mit allen trockenen Zutaten Ihrer Lieblingsbackware. Um den Flaschenhals befestigen Sie das Rezept.

Biergelee
mit Vanille

Biergelee
mit Vanille

Biergelee
mit Vanille

Biergelee
mit Vanille

süßer
BOCKBIERSENF

süßer
BOCKBIERSENF

süßer
BOCKBIERSENF

süßer
BOCKBIERSENF

Naturtrübes
~ BIER ~

Naturtrübes
~ BIER ~

Naturtrübes
~ BIER ~

Naturtrübes
~ BIER ~

Besonders heimelig wird es, wenn Sie eine **Lichterkette** in ein großes Einkochglas legen. Zur Weihnachtszeit können Sie noch kleine **Christbaumkugeln** dazwischen stecken. Fertig ist ein wunderschöner und lichtspendender Tischschmuck.

Haben Sie schon mal Gläser **bemalt**? Es sind wunderschöne Vasen! Oder Sie kleben **Wackelaugen** auf die Gläser.

GEMÜSEBRÜHE-
PULVER

SNACK-
GEWÜRZ

SNACK-
GEWÜRZ

GEMÜSEBRÜHE-
PULVER

GEMÜSEBRÜHE-
PULVER

SNACK-
GEWÜRZ

SNACK-
GEWÜRZ

GEMÜSEBRÜHE-
PULVER

Dunkle Soße
.... • vegetarisch • ....

Tomatenmark

Tomatenmark

Dunkle Soße
.... • vegetarisch • ....

Dunkle Soße
.... • vegetarisch • ....

Tomatenmark

Tomatenmark

Dunkle Soße
.... • vegetarisch • ....

Auch **Lacksprays** verwandeln Gläser! Besprühen Sie ein großes Glas doch mal mit einer **kupfer- oder pastellfarbenen** Lackfarbe. Macht sich auch gut auf dem Schminktisch für Pinsel und Co. Oder in der Küche zur Aufbewahrung von Schneebesen, Pfannenwender und Schöpfkelle!

Ganz klassisch: Die Gläser als **Blumenvase** nutzen. Nicht nur praktisch, wenn mal keine Vase vorhanden ist, auch optisch ein Hingucker!

TOMATENSOSSE
eingekocht am ____________

TOMATENSOSSE
eingekocht am ____________

TOMATENSOSSE
eingekocht am ____________

TOMATENSOSSE
eingekocht am ____________

››› *Hühnerbrühe* ‹‹‹

Grundsoße

Grundsoße

››› *Hühnerbrühe* ‹‹‹

››› *Hühnerbrühe* ‹‹‹

Grundsoße

Grundsoße

››› *Hühnerbrühe* ‹‹‹

Als stimmungsvollen **Kerzenhalter** können Sie schmale Gläser oder auch Glasflaschen umfunktionieren. Diese können Sie ebenfalls noch mal verschönern, bemalen oder verzieren.

Willkommen Herbst! Befestigen Sie mit **(Gummi-) Bändern** buntes **Laub oder Zweige** an den Gläsern. Und begrüßen Sie den Herbst in seiner bunten Pracht mit einer **Kerze im Glas**. Vor der Tür oder auf dem Esstisch ein Hingucker.

EINGELEGTES GEMÜSE

EINGELEGTES GEMÜSE

EINGELEGTES GEMÜSE

EINGELEGTES GEMÜSE

GEMÜSE-CRACKER

GEMÜSE-CRACKER

GEMÜSE-CRACKER

GEMÜSE-CRACKER

FERMENTIERTER ROTKOHL

FERMENTIERTER ROTKOHL

FERMENTIERTER ROTKOHL

FERMENTIERTER ROTKOHL

Für den Esstisch einfach praktisch. Nutzen Sie ein standfestes Glas und befüllen es mit **Essbesteck oder / und Servietten**. Schon haben Sie sich das Tischdecken beinahe gespart. Die Gäste bedienen und versorgen sich selbst.

Pflanzenfreunde aufgepasst: Gerade bei wenig Platz können Sie sich einen eigenen **kleinen Garten** im Einmachglas anlegen. Geben Sie etwas Erde, ggf. Steine, auf den Boden und pflanzen Sie Sukkulenten, Kakteen oder pflegeleichte Farngewächse ein. Die Gläser können Sie hinstellen oder aufhängen. Gießen nicht vergessen!

Semmelknödel

eingekocht am: ....

Semmelknödel

eingekocht am: ....

vegetarisch

Kartoffel-Linseneintopf

eingekocht am:

....

Kartoffel-Linseneintopf

eingekocht am:

....

vegetarisch

Pasta-Kürbis

eingekocht am: ....

Pasta-Kürbis

eingekocht am: ....

vegetarisch

Lachsforellen-Filet

gebeizt am: ____________________

Lachsforellen-Filet

gebeizt am: ____________________

Hier passen kleine Leckereien prima rein! Nutzen Sie Ihre Gläser, indem Sie sie zum **Adventskalender** umfunktionieren. Dichten Sie die **Gläser blickdicht** ab (innen durch **buntes Papier** mit einer Zahl darauf oder von außen **bemalt**). Befüllen Sie sie mit Kleinigkeiten für jeden Tag. So wird das Warten auf Weihnachten besonders spannend. Was wohl das nächste Glas beinhalten wird ...?

Plätzchenteller Ade! In Keksdosen erkennt man den Inhalt nicht und die Plätzchen werden trocken? Verstauen Sie Ihre **winterlichen Backwaren** doch mal in Einmachgläsern. So sehen Sie, welcher Inhalt auf Sie wartet – und er bleibt knusprig. Beim Adventskaffee können Sie die Gläser einfach auf den Tisch stellen und anbieten. Natürlich auch ein originelles Mitbringsel!

CURRY WURST

CURRY WURST

VORSICHT, SCHARF!

Bolognese mit Rindfleisch

Bolognese mit Rindfleisch

* HOT * HOT * HOT * HOT *

CHILI con CARNE

CHILI con CARNE

Fleischkäse

eingekocht am: ....

Fleischkäse

eingekocht am: ....

Shake it, baby! Gerade keinen **Shaker für einen Cocktail** oder ein **Salatdressing** im Haus? Nutzen Sie verschließbare Einmachgläser oder Flaschen. So bleibt Ihre Küche garantiert sauber!

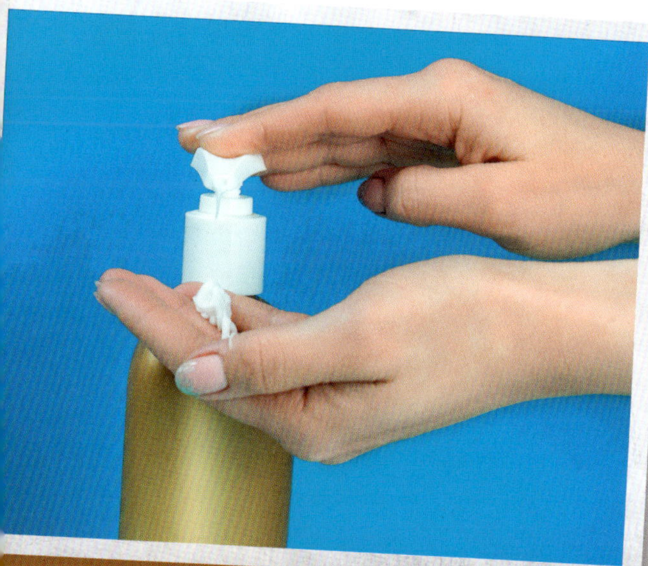

Seifenspender aus dem Einmachglas: Im Baumarkt erhalten Sie **Pumpspender** für Flüssigkeiten verschiedener Größen. Die Pumpe können Sie anstelle des Glasdeckels auf das Glas setzen. Anschließend können Sie Ihren individuellen Spender noch bemalen oder besprayen. So können Sie die Seife immer wieder auffüllen. So verwerten Sie das Glas nachhaltig und produzieren weniger Plastikmüll durch neue Spender.

SCHATZKISTE VORRATSKAMMER

Eine Vorratskammer ist nicht nur für Einkoch-Fans Gold wert. Sie trägt auch zu einem nachhaltigen und umweltbewussten Haushalten bei.
Wir zeigen Ihnen, wie Sie alles aus Ihrem Lager für Lebensmittel herausholen können. Dabei ist eine gute und übersichtliche Sortierung der Schlüssel zum Erfolg

Die **Voraussetzungen für Ihre Vorratskammer** sind denkbar einfach: Sie sollte **dunkel, kühl, trocken und mäusesicher** sein. Ist sie zu hell, treiben Gemüse wie Kartoffeln und Zwiebeln schneller aus. Eine hohe Luftfeuchtigkeit führt schnell zu Schimmelbildung. Bei Wärme verdirbt jedes Lebensmittel rascher. Falls Sie eine Gefriertruhe haben (eine Empfehlung für die Vorratshaltung), verbraucht diese weniger Energie, wenn sie an einem kühlen Ort steht. Eine höhere Raumtemperatur führt nämlich auch zu einem erhöhten Stromverbrauch. Wenn Sie Ihren Keller zur Vorratskammer erklären, sollten Sie aufpassen, dass keine Mäuse Zugang haben. **Beschriften** Sie Ihre Produkte mit Inhalt, Herstellungs- und Ablaufdatum. So vermeiden Sie Verwechslungen, denn eingekochte Erdbeer-

Marmelade könnte auch mit Tomatensoße verwechselt werden. **Ordnen** Sie die Gläser nach Ablaufdatum. So greifen Sie automatisch zum Glas, dessen Ablaufdatum am nächsten liegt. Hier ist es wichtig, Ihren **Stauplatz optimal auszunutzen**. Alles sollte übersichtlich und gut erreichbar geordnet ein. Clevere Regalsysteme und Haken unterstützen Sie hierbei. Am wichtigsten dabei sind Stabilität und Tragfähigkeit! Hat man erst mal Gas gegeben, wird das Gewicht an Gläsern schnell sehr hoch … **Lagern Sie nur ein, was Sie auch wirklich brauchen**. Alles andere nimmt nur Platz weg. Öle oder Gewürze, die Ihnen nicht schmecken, sollten Sie lieber verschenken, statt sie in der Vorratskammer verschwinden zu lassen, um sie irgendwann wegzuwerfen. Sie behalten so einen Überblick über die Dinge, die Sie wirklich benötigen. Außerdem erkennen sie auf einen Blick, welche Lebensmittel Sie verbrauchen und welche Sie bald nachkaufen sollten. Ein **Vorratskammerplan**, am besten an der Tür oder einem Ort angebracht, den Sie immer im Blick haben, unterstützt Sie ebenfalls, den Überblick und das Ablaufdatum im Blick zu behalten. Dokumentieren Sie, was Sie der Vorratskammer entnehmen und womit Sie sie neu befüllen. So einen Plan können Sie auch für Ihre Gefriertruhe anlegen. Kaufen Sie **Grundnahrungsmittel und Basics** in großen Mengen. Das ist günstiger und spart Verpackungsmaterial. Füllen Sie Mehl, Haferflocken und Nudeln doch einfach in große Einmachgläser um. Da diese durchsichtig sind, sehen Sie sofort, wie viel des Inhalts noch vorrätig ist.

SELBSTVERSORGUNG UND NACHHALTIGKEIT

Die deutsche Bundesregierung empfiehlt jedem Bundesbürger, jederzeit einen Nahrungsmittelvorrat für einen Zeitraum von 14 Tagen im Haus zu haben. Immer mehr Menschen beginnen sich mit dem Thema Nachhaltigkeit auseinanderzusetzen. Schnell kommen sie dabei mit den Begriffen der Vorratshaltung und Selbstversorgung in Kontakt ...

Die Methoden des Haltbarmachens sind in diesem Kontext besonders wichtig. Denn sie sind nachhaltig und tragen zur Vorratshaltung bei. Beim Haltbarmachen nutzen Sie Materialien wie Gläser, Deckel und weitere Einkochutensilien, die Sie einmal erwerben und dann **wiederverwenden** können. Wenn Sie einen eigenen Garten haben oder sogar Nutztiere wie Hühner halten, können Sie das ganze Potenzial Ihres Gutes durch das Konservieren erhalten und müssen **kaum etwas verschwenden**. Das ist nicht **nur günstiger** als der Einkauf von Bioprodukten, Sie wissen auch, wo Ihr Produkt herkommt, ob **Pflanzenschutzmittel oder Medikamente** zum Einsatz kamen und unterstützen **artgerechte Tierhaltung**. Ihre eigenen Produkte wurden **nicht durch Ausbeutung** oder **unfaire Bezahlungen** produziert und haben **keine langen Transportwege** hinter sich. Natürlich **schmeckt das eigene Erntegut** auch besser als gekauftes. Zugleich können Sie Ihre **Ernteüberschüsse verarbeiten**. Doch auch, wenn Sie nicht mit dem Glück eines Gartens gesegnet sind: Haltbarmachen hilft, **Saisonales immer greifbar** zu haben. Sie müssen im Winter keine Tomaten aus fernen Ländern beziehen, wenn Sie deutsche Bio-Tomaten zu ihrer Erntezeit er-

werben und mit den Methoden des Konservierens haltbar machen. So können Sie sich auch im Winter sonnengereifte Tomaten aus Deutschland schmecken lassen. Während der Verarbeitung Ihrer Lebensmittel werden Sie sich automatisch intensiv mit ihnen auseinandersetzen. Sie werden den **unterschiedlichen Geschmack** von gekaufter und selbstgemachter Bolognese kennenlernen. Schmecken Sie achtsam. Sie werden Selbstgemachtem mit **mehr Aufmerksamkeit** begegnen. Das Gefühl, den Herstellungsweg selbst begleitet zu haben, tut nicht nur gut und unterstützt die Gesundheit, sondern schmeckt auch. **Tradierte Techniken** wie das Brotbacken oder das Konservieren geraten nicht in Vergessenheit. Sie sind ein Stück weit **autark** – versorgen sich selbst. Außerdem ist der Prozess des nachhaltigen Handels eine **gute Tat fürs Klima**. Besonders die **Energieersparnis** und die **kurzen Wege** gegenüber gekauften, exportierten Produkten machen hier einen großen Teil aus. In allen Fällen konservieren Sie nicht nur gute Lebensmittel, sondern auch **schöne Momente**.

Timos Tipp

Timo ist Jäger, daher kennt er sich bestens mit der Verarbeitung ganzer Tiere aus. Falls das bei Ihnen nicht der Fall ist, Sie aber trotzdem auf gutes Fleisch Wert legen, empfiehlt er, sich an einen der zahlreichen Forstbetriebe oder Revierjäger im Land zu wenden. Häufig bekommen Sie dort auch bereits küchenfertig vorbereitetes Wildbret (Wildfleisch). Denn: Wild aus der Region = besser als Bio!

REZEPTEREGISTER

ÜBER DEN KOCH

Timo Böckle, Jahrgang 1977, ist Sohn einer traditionsreichen Metzgerfamilie. Zwischen 1994 und 1997 absolvierte er seine Ausbildung zum Koch und anschließend seinen Wehrdienst. Hier fungierte er zuletzt als Schichtführer des Offizierskasinos für die Sportfördergruppe der Bundeswehr. Im Anschluss arbeitete er als Entremetier im Hotel „Bareiss" in Baiersbronn. Als Souschef kochte er in den Gourmetrestaurants der MS Europa; später auch unter Johann Lafer. Es folgten Anstellungen in Sternerestaurants und in erfolgreichen Gourmetdestinationen weltweit. Mit 25 Jahren erlangte er den Titel des Küchenmeisters. Im familieneigenen Hotel und Restaurant „Reussenstein" in Böblingen bewirtet er seit 2003 mit seiner Schwester seine Gäste und ist als Geschäftsführer und Eigentümer des Familienunternehmens tätig. Hierzu gehören auch eine Kochschule, ein Spätzle-Drive-In, ein Feinschmeckerladen sowie der Handel mit Wild aus der Region. Seit 2005 kocht Timo Böckle regelmäßig in der SWR-Sendung „Kaffe oder Tee". Auch in anderen ARD-Formaten verwöhnt er Gaumen und Augen mit seinen pfiffigen Rezeptideen. Seit August 2020 erleben wir ihn bei „Koch ein!", dem On-demand-Videokochbuch des SWR.

IMPRESSUM

FOTOS: SWR in Zusammenarbeit mit Philip Fricker und Timo Böckle, außer: Dots and Stripes (Klappe hinten); imago (blickwinkel, Westend 61, Panthermedia, YAY Images, Shotshop, AFLO; Addictive Stock, H. Tschanz-Hofmann, BE&W, UIG, Eberhard Thonfeld, Silas Stein, Jochen Tack, Chromorange, Photo Alto, agefotostock, Andreas Berheide): S. 2, 6, 7, 8, 9, 10, 11, 12, 13, 14, 15, 16, 17, 18,19, 20, 21, 31, 85, 86, 88, 89, 90, 81, 97, 99, 101, 103, 105, 107, 109, 111, 112, 113, 114, 115

REZEPTE: Timo Böckle

KONZEPT und REDAKTION: Felicitas Ziebarth

REDAKTIONSLEITUNG: Gabi Seng

GRAFISCHE GESTALTUNG UND REPRO: RTK & SRS Media Group/Nicole Zettl/Franziska Weber

COVERGESTALTUNG: Markus Vogt

ILLUSTRATION Sticker und Etiketten: Dots and Stripes/Maria Glukhova, Christiane Baumann

Produktmanagement: Benedikt Meyer
Druck und Bindung: Drukarnia Interak Sp.zo.o.

Bei Fragen oder Anregungen zum Buch freut sich unser Zuschauerservice über eine Nachricht von Ihnen unter tv@swr.de und hilft Ihnen bei Bedarf weiter. Ihre Hinweise helfen uns, unsere Produkte zu verbessern.

2. Auflage 2022

ISBN 978-3-949183-09-6